仏陀の修行法 五根・五力より

五根・五力法

幸福への原理と方法

湯田浩二
Kohji Yuda

まえがき

仏陀が説かれた解脱（輪廻を脱した境地、涅槃）へ導く教えと実践方法（修行法）に関して、「八正道（八聖道）」という名前は聞いたことがあっても、「五根・五力」という名前は初めて聞いたという人が多いのではないかと思う。

実は、「五根・五力」も「八正道」と同じく、〝仏陀の修行法〟の一つなのである。

〝仏陀の修行法〟というと、宗教そのものに感じられて、苦手意識を持つ人や自分には直接関係ないと思っている人が結構多いのではないだろうか。

実は、〝仏陀の修行法〟には、私達の幸福や生きがいに直接関係する「非常に重要なもの」を数多く含んでいる。

そこで、最初に〝仏陀の修行法〟について簡潔に説明したい。

私達は必ず、どんな人でも、今現在少なくとも一つや二つは、悩みや解決したいと思っている切実な問題を抱えている。

しかも、どうすれば解決できるのかについて、その方法がどこかにないかと探したり悩んだりしている。

私達一般人にとって、〝生活や人間関係の問題や進学・就職などの問題など〟が、「今現在直面している悩みや解決すべき問題」であり、僧侶や宗教家にとっては、それに加えて、〝人助けや悟りや解脱（涅槃)〟も「今現在直面している悩みや解決すべき問題」であろう。

そういう私達が今現在直面している悩みや解決すべき問題は、大昔からその時々の状況に応じて同じようなものであったことは容易に想像できる。

そんな悩みや解決すべき問題をどうすれば解決できるのかについて、その方法を仏陀釈尊は生涯をかけて人々に教えてきたのである。

その方法こそが、〝仏陀の修行法〟なのである。

そして、仏陀の修行法はこの二つだけではなく、「三十七菩提分法」(三十七道品)と言って、七つあると言われている。

その七つの内訳が、四念処(四念住)・四正勤(四正断)・四神足(四如意足)・五根・五力・七覚支・八正道(八聖道)であり、個々の合計が三十七とされている。

その中でも、「五根・五力」は仏陀の修行法の入門書とも言うべきものであると筆者は考えている。

その理由は後ほど説明したい。

五根は信根・精進根・念根・定根・慧根の五つであり、五力は信力・精進力・念力・定力・慧力の五つをいう。

すなわち、信(しん)・精進(しょうじん)・念(ねん)・定(じょう)・慧(え)の五つの修行(修行法でもあり、能力でもある)に、それぞれ「根(こん)」と「力(りき)」が付いて区分されている。

「根」と「力」も含めて、それぞれの意味や内容については、本文に詳しく解説している。

今回は特に、定(瞑想)の項目である定根・定力の章の中で、三昧(サマーディ)の境地まで到達できる瞑想法である「三昧(サマーディ)瞑想法」について、具体的に詳しく解説している。

古来、サマーディを達成するのは極めて難しいとされており、そのため僧俗を問わず瞑想実践者で、一回でもサマーディを体験した人は極めて稀であると言われている。

ところが、二五〇〇年前の仏陀釈尊ご在世当時の原始仏教時代は、僧俗を問わず多くの瞑想実践者(修行者達)はサマーディを達成し、さらには解脱まで成就していたと伝えられている。

その後は残念ながら、サマーディを達成することは困難になり、一回でもサマーディを体験した人は極めて少なくなったという。


なぜ、そうなってしまったのだろうか?

その理由は、筆者が思うに、それは口伝と実地指導で伝承されてきた三昧(サマーディ)瞑想法が、途中で変わってしまったからである。

表現を変えると、正しい方法が途絶えて、そうでない方法に変わってしまったのである。正しい方法で熱心に訓練(実践)すると、サマーディを体験する人はきっと多いはずである、と筆者は思っている。

しかし、残念ながら正しい方法の具体的な内容は、仏典には一部分しか記されてはいない。

今回、複数のサマーディ体験者の証言に基づくものではなく、ただ一人(筆者)だけの体験に基づくという限定はあるけれども、その正しい方法(実践法)を具体的に提示している。

本文には詳しく書いているが、筆者は三才半の時に偶然にもサマーディを体験し、さらに偶然が重なって、日課のように毎日サマーディ瞑想を行なっていた。

表層意識と潜在意識を隔てている「抗暗示障壁」がまだ出来上がっていない幼児期には、サマーディを体験し易いのである。

通常は、幼児期に偶然にもサマーディを体験したとしても、せいぜい一回か二回と思われる。そのために、大人へと成長する過程で、それを忘れてしまうのが普通である。

筆者は、偶然が重なって、食事をするのと同じように、毎日サマーディ瞑想を行なっていた。当然のことながら、幼児期の筆者には、瞑想を行なっているという自覚は全くなかった。

この「三昧(サマーディ)瞑想法」の解説にあたって、上座部仏教に伝えられている「サマーディ」に関する知見(現在の常識)と対比して、それとの相違点を明確にしながら説明している。

先に断っておくが、なぜ上座部仏教に伝えられている「サマーディ」に関する知見と対比したのかについて、その理由を二つ述べたい。

(理由1) 現存する最古の仏教の宗派である上座部仏教は、二五〇〇年前の仏陀釈尊ご在世当時の原始仏教にその源流がある。

そのために、おそらく、最初期の上座部仏教においても、サマーディを達成した修行者は多かったのではないかと推測される。

ところが現在の状況は、繰り返しになるが、サマーディを達成することは非常に困難になり、一回でもサマーディを体験した人は極めて少なくなったという。

そのために、上座部仏教に伝えられている「サマーディ」に関する知見(現在の常識)と対比することが、必要かつ重要ではないかと必然的に考えられる。これが、対象にした第一の理由である。

（理由2）「サマーディ」に関する知見に関して、筆者が調べた限りでは、上座部仏教が最も整理されており、内容もかなり具体的である。

これが、対象にした第二の理由である。

話が少し横道にそれたので、元に戻したい。

経典にはそれぞれの修行法の名称は記されてはいるが、内容については少ししか記されてはいない。

また、修行法の内容について述べている個所も、あまり具体的ではない。

その理由は、

- 当時の修行法は、全て口承や実地指導によって伝えられたためである。
- そして、瞑想法は特にそうであるが、こういう心理的・感覚的な技術（実践方法）は、言葉（文章）だけで伝えようとすると、どうしても冗長な表現になり易い。直接、面と向かって、相手の状態に応じて実地指導した方が確かだし効果的である。
- また、対象者（弟子を始めとした修行者）が、技術面でも人間性の面でも伝授するに相応しい段階に到達していないと伝授しなかったからでもある。これは、芸事や武道の分野でも、そういう習わし（しきたり）の所が多いという。
- そのために、修行体験者ならば何とか理解できるところまでしか、言葉（文章）ではうまく表現できないし、場合によっては意図的に表現していないのである。

それでは、仏陀の修行法「三十七菩提分法」と、現在広く行われている仏教の修行法とは、どこがどのように違う(異なっている)のだろうか。

その説明に入る前に、まずは、〝人はなぜ修行するのか？〟から考えてみたい。

人はなぜ修行するのかというと、希望を叶えたいからであると言っても間違いではないだろう。私達が切実に望んでいるのは、今目の前の悩みや苦しみ(生活の悩み、金銭問題、就職や進学、会社や学校での問題、交際や結婚についての悩み、病気や容姿など身体についての悩みなど)を早く解決し、悩みや苦しみから早く解放されることである。

僧侶や神父においても、〝悟りを得る〟とか〝解脱する〟とか〝人助けをする〟などの希望がある。

人は誰でも、希望を叶えて幸せになりたい、悩みや苦しみから抜け出したいと願っている。その願いを叶えるもの(存在、手段)の一つとして、宗教は生まれ発展してきたとも言える。仏教の伝統的な宗派にしても、また新興宗教にしても、そこで実践され指導している修行法はわりとシンプルであり、多くの大きな効果を謳っている(宣伝している)ものが多い。私達の切実な希望を必ず叶えてくれると、力強く断定的に宣伝しているものが多い。

人は誰でもそうであるが、特に今現在悩み苦しんでいる人にとっては、〝手軽に簡単に実践できて、しかも優れた効果を得ることができる〟と、自信ありげに力強く断定的に言われると、つい飛びつきたくなるのが人情である。そのため、そのように力強く断定的に宣伝することで、多くの人を信仰の道に導くことを意図しているという見方も出来ないことはない。

一般的によく実践されている修行法には、次のようなものがある。

ただし、ここでは、在家者(普通の一般人)の実践法(修行法)について列挙している。

①称名という修行法：「南無阿弥陀仏（なむあみだぶつ）」を唱える修行法
②お題目を唱える修行法：「南無妙法蓮華経」を唱える修行法
③お経を唱える修行法：仏教の経典を唱える修行法
④写　経：仏教の経典を書き写す修行法
⑤瞑　想：座禅は代表的なものである
⑥霊場巡り：四国八十八ケ所巡礼など
⑦護 摩 行：護摩行の参加や参拝など
⑧先祖供養：仏壇や墓前で経典を唱えたり、教団（僧侶）に代行（供養）してもらう
⑨布　教：多くの人に信仰（教団や宗派への入門）を勧めること

これらは、確かに効果があると思われる。

やり方しだいでは、それこそ驚くほどの効果もあるだろうと思う。
①～⑤は、やり方を覚えて、やる気さえあれば、一人だけでもわりと無理なくできるだろう。
⑥～⑨は、やり方を覚えて、やる気と時間やお金があれば、そんなに難しくはないだろう。
人間誰しも、難しくて時間がかかることは敬遠したいし、実際に敬遠してしまうものである。

それとは反対に、わりと簡単に出来て、しかも大きな効果があると、力強く断定的に謳っている（宣伝している）ものには、どうしても心惹かれて、実際に試してみようと思うものである。

それに対して、〝仏陀の修行法〟は、①～⑨よりも〝やる気と努力〟を多く必要とする。そして、初

めのうちは慣れないために、〝むずかしい〟と感じるかもしれない。

さらに、体系的でシステム的な修行法なので、手順を追って段階的に実践する必要があり、どうしても時間(期間)が必要となる。

効果は、最終的には解脱(輪廻からの脱却、真の意味での幸福)の達成であり、途中の段階でも効果は絶大だが、そのためには〝仏陀の修行法〟を自分自身で熱意を持って、途中であきらめることなく実践しなければならない。

もっとも、これまでの修行法でもスポーツでも音楽(ピアノ、バイオリンなど)でも武道でも、上達するためには熱意を持って実践(練習)しなければならないが、その点は全く変わらない。


ここで、五根・五力について、もう少し説明したい。

近年、書籍や論文を通して、五根・五力についての有識者による幾つかの説が紹介されている。

それらは、おそらく伝承を参考にしていると思われるが、大まかには次のような簡単な説明である。


(例1) 五根は、信根・精進根・念根・定根・慧根の五つをいう。

根は基本となる能力をいい、信・精進・念・定・慧が、解脱に向かって高い能力を発揮する基本となる修行を五根という。

五力は、信力・精進力・念力・定力・慧力の五つをいい、基本となる五根から飛躍して力を発揮する最高度の修行を五力と言う。


(例2) 五根は、信根・精進根・念根・定根・慧根の五つをいう。

根は基本となる能力をいい、信・精進・念・定・慧が、解脱に向かって高い能力を発揮する基本となる修行を五根という。

五力は、五根のそれぞれが瞑想修行を通して均衡を保ち、一個人の中で主導的な力となった場合を五力と言う。


（例3）　五根は、信根・精進根・念根・定根・慧根の五つをいう。

そして、それは五つの修行の基礎能力をいう。

五力は、修行の結果得られた五つの発揮できる力のことである。


三つの例をみると、五根の取り扱いはほぼ同じだが、五力の取り扱いについては異なっている。そして、いずれも具体的な説明ではないので、それ以上は残念ながら分からない。

以上のように、仏陀がお亡くなりになって以降、二千数百年もの間、公には具体的に詳しく言及されたことはなかった。

今回、五根・五力を、具体的に詳しく解説し、実践方法を具体的に提示しようと試みている。

話は変わるが、
ＮＨＫテレビ番組の「こころの時代」で、旧約聖書の「コレヒトの言葉（伝道の書）」について、長年研究されている小友　聡牧師と批評家・随筆家の若松英輔氏が、それぞれ体験談と感想を交えながら分かり易く解説されていた。

お二人の話の中にも示唆されていたように、「コレヒトの言葉(伝道の書)」は、聞きようによっては仏陀の教え(仏教)ではないかと受け取れるほど両者には共通性がある。

もっとも両者に共通性があるのは、当然のことなのかもしれない。

「コレヒトの言葉(伝道の書)」も仏陀の教えも、共に、真理について語っているのである。真理は時代や場所や言語が異なっても変わらないので、両者に共通性があるのは当然である。

例えば、

「神が行なうことは全て、
とこしえ(永久)に変わることはなく
加えることも除くこともできない」
(コレヒトの言葉　三章)

これは、仏教でいう「空」や「色即是空」と共通性がある。

ただし、これまで言われてきた「空」ではなく、筆者が考察した「空」である。

これまで宗教関係書や講演等において説明されてきた「空」は、「縁起」や「無我」のことを言っていることが多い。

- 色(物質)は存在はするが原因・条件しだいで変化するので、実存(永遠に変化しない)ではない。
  これを「空」という、と説明されることが多い。

・　または、この世にあるものは全て因果律(因縁果報)により存在しているので、因果律は実存である。「空」も実存なので、実は「空」は因果律のことなのであると説明されることもごく稀にある。

仏教における「空」は、サンスクリット語のシューンニャの訳で、「実体がないこと」、「無我」という意味である。


ここで、筆者が考察した「空」を述べたい。

寺院で見かける五輪塔は五段になっており、上から順に「空・風・火・水・地」を象徴している。

この「空・風・火・水・地」は、古代インドにおいて、宇宙の構成要素・元素と考えられ五大と称された。仏教でもまた同じである。

仏陀は王子時代に「ヴェーダ」を中心とした学問を習い、人並外れた才能を示したと伝えられているので、五大も当然習っていると思われる。

現代においては、ほとんどの人は「風・火・水・地」が宇宙の構成要素・元素であるとは思っていない。ましてや、ウパニシャッド哲学に代表される「ヴェーダ」を完成させた天才的な古代インドの賢人達が、「風・火・水・地」を宇宙の構成要素・元素と考えていたとはとても考えられない。

筆者は、古代インドの賢人達が宇宙(万物)の構成を、「空・風・火・水・地」で代表して表現したものであると考えている。

例えば、「地」は固体を代表し、「水」は液体を代表している。

「火」と「風」は気体を代表しているが、「火」は目に見える気体を、「風」は目に見えないさらに微細な気体として代表している。

そして、そのように多くの人達(一般大衆)には説明したものと考えられる。

当時、読み書きができる人は非常に限られていた。大衆は読み書きができない人がほとんどであり、学問の教育レベルは現代の小学生低学年のレベルほどだったと思われる。

当時においては、固体、液体、気体という概念を知らない人が大半だったと考えられる。そこで、多くの人に固体を説明する場合は、山とか岩とか大地のようなものであると説明したのではないかと考えられる。

同様に、液体を説明する場合は、海水とか川の水とか雨水のようなものであると説明したのではないかと考えられる。

気体を説明する場合は、火とか煙とか風のようなものであると説明したのではないかと考えられる。

そこで「空」だが、これは固体・液体・気体として存在する物質を構成する根本的な元素もしくはエネルギーを表現しており、それは決して知覚できないもので、宇宙全体に遍満している。条件が整えば、何もなかった空間から「空」という根本元素もしくはエネルギーが凝集して物質が生じる。この知覚できない根本元素「空」は、全宇宙に隈なく存在しており、不始不終であり、不生不滅であり、不垢不浄であり、不増不減である。

「空」は従来考えられていたように、決して「実体がないこと」の意味ではない。

インド、ギリシャ、ローマ、中東、中国の古代(紀元前)の賢人達(学者)は、現代の宗教や哲学、自然科学、数学の全ての基礎を完成させたと言ってもいいほどの天才達である。

現代の各分野の天才達に比べても、優るとも劣らない天才達だった。

そんな天才的な古代インドの賢人達により、宇宙の構成要素・元素と考えられ五大と称された「空・

風・火・水・地」である。

五大のうちの「風・火・水・地」は、実体があり、そして知覚できるものである。

そのため、五大のうちの「空」についても必ず実体があるものとして仮定したはずである。

ただし、微細すぎて知覚できないものなので、特殊な名称を付けたはずである。

例えば、「実体は決して知覚できないもの」という意味を表す名称など。現代の物理学における素粒子も、仮説だけで存在はまだ最新の科学でも証明されていないものがあるが、名称はきちんと付けられている。

もしかすると、「空」の名称は、時が経つうちに「実体は決して知覚できないもの」という意味の名称から「実体がないこと」を意味する名称に変化したと考えられなくはない。「空」は、固体・液体・気体として存在する物質を構成する根本的な元素もしくはエネルギーを表現しており、それは決して知覚できないものである。

よって、
- すべての物質(色)は存在はするが、原因・条件に応じて固体・液体・気体と様々に変化する。実存(永遠に変化しない)ではない。(因縁生起、縁起)

そして、
- 物質(色)は、知覚できない根本元素「空」によって構成されている。(色即是空)
- 知覚できない根本元素「空」から、すべての物質(色)は生じる。(空即是色)

このように、「空」は存在の根源であり源泉なのである。

ところが、「空」の意味は、時代を経るにつれて変わってしまったと筆者は考えている。どのように変わっていったのであろうか？

(「空」の本来の意味)

繰り返しになるが、「空」は、固体・液体・気体として存在する物質を構成する根本的な元素もしくはエネルギーを表現しており、それは決して知覚できないものである。

(「空」の意味の変化その一)

「空」は科学的な用語であったが、当時読み書きができる知識人は宗教家(聖職者)や哲学者が多かったので、しだいに宗教や哲学の中でも使われるようになっていったと考えられる。

そして、次第に、「空」は「縁起」や「無我」の意味を合わせ持つようになった。

なぜなら、「空」という根本的な元素もしくはエネルギーがあるからこそ、「縁起」や「無我」は成り立つのであり、「縁起」や「無我」という概念(考え)が生じるのである。

(「空」の意味の変化その二)

さらに時代を経て、元々の「空」の意味は忘れ去られてしまい、いつの間にか現在のような、「縁起」や「無我」としての意味になってしまったと筆者は考えている。

なぜなら、中世(五世紀〜十五世紀)以前は、科学は広く研究されてなく、そして広く活用されていなかったために、科学的な用語の本来の「空」の方は、使われなくなったと推測される。

知覚できない根本元素「空」は、今や荒唐無稽の話ではなくなっている。

二〇一二年、宇宙に遍満する「素粒子に質量をあたえる素粒子」ヒッグス粒子の発見のニュースが世界を駆け巡った。

ヒッグス粒子とは素粒子という自然界の最小単位の一つであり、真空に遍く存在し、「素粒子の質量の起源」と考えられている素粒子のことをいう。

素粒子は、素粒子に質量をあたえるヒッグス粒子以外に、電子・クォーク・ニュートリノなど物質を形づくる素粒子、光子など力を伝える素粒子に大別されるという。

これらは、「宇宙は、小さな灼熱の宇宙が大爆発を起こして誕生した」とする現代宇宙論の「ビッグバン宇宙論」を基礎としている。

また、最近の研究によると、宇宙の成分の約23％は知覚できない物質(ダークマター)であり、約73％は知覚できないエネルギー(ダークエネルギー)で、我々が星、星雲、ガスなどとして知覚できるのは、わずか4％しかないという。

アインシュタインが、質量はエネルギーと等価であるといい、エネルギーが遍満する空間から物質が生まれる可能性を示した。

相対性理論の有名な公式「E＝m×C×C」で、その可能性を示した。

Eはエネルギー、mは質量、Cは光速度を意味し、質量に光速度の二乗を掛けたものが、エネルギーに等しいことを表わしている。

逆に、質量からエネルギーが生まれることを利用したのが、ウランの核分裂反応による原子力発電である。

核分裂反応により、ウランの約0.1%の質量が膨大な原子力エネルギーに変換する。
もし、一円玉5枚分(5g)の質量が全てエネルギーに変換することができるならば、東京ドーム一杯分の20℃の水を摂氏100℃の熱湯にすることが可能だという。

それでは、
筆者が考察した「空」に従って、さらに「神」を「真理」とか「自然法則」に置き直して(コレヒトの言葉　三章)を読み直すと、

「神が行なうことは全て」とは、

すべての物質(色)は存在はするが、原因・条件に応じて固体・液体・気体と様々に変化する。実存(永遠に変化しない)ではない。(縁起)
そして、それは知覚できない根本元素「空」によって構成されている。(色即是空)
知覚できない根本元素「空」から、すべての物質(色)は生じる。(空即是色)
と共通性がある。

「とこしえ(永久)に変わることはなく
加えることも除くこともできない」とは、
「空」は固体・液体・気体として存在する物質を構成する根本的な元素
もしくはエネルギーを表現しており、それは決して知覚できないもので、宇宙全体に遍満してい

る。条件が整えば、何もなかった空間から「空」という根本元素もしくはエネルギーが凝集して物質が生じる。この知覚できない根本元素「空」は、全宇宙に限なく存在しており、不始不終であり、不生不滅であり、不垢不浄であり、不増不滅である。と共通性がある。

例えば、
「若き日にあなたの造り主を心に刻め、
災いの日々がやって来て
『私には喜びがない』と言うよわい(年齢)に近づかないうちに
太陽と光、月と星が闇にならないうちに
雨の後にまた雲が戻って来ないうちに」
(コレヒトの言葉　十二章)

これは、仏教でいう「因縁果報」や「自業自得」と共通性がある。

(解説)　因果律(因縁果報)

人間は勿論、海や山や川、動物や植物や鉱物など、この世にあるものは全て、因果律により存在している。

全て原因があって、それに条件(縁)が加わって、結果となってあらわれる。

現れた結果が、さらに次の原因となって(報となって)展開していく。

この世は全て、因縁果報(因果律)により存在している。

全ては、因果律により偶然ではなく必然であるからこそ、そのことを運命とも称している。

(解説)　業と自業自得

「業」の思想は、仏教成立以前から古代インドにあった思想であり、「行為」を表わす。仏教もまた「業」の思想を取り入れている。

自分の行為の結果は、必ず自分自身に現れるという考えを「自業自得」という。

良い行ない(善行)は幸せな果報をもたらすことを「善因楽果」といい、悪い行ない(悪行)は不幸な苦しみの果報をもたらすことを「悪因苦果」という。

そして、人は永遠に生死を繰り返すという考え方と結びつき、現世の境遇は前世の行為の結果であり、現世の行為は現世の境遇を決めるだけではなく、来世の境遇も決めるというのが「輪廻」思想である。

それでは、

「因縁果報」と「自業自得」に従って、さらに「造り主」を「真理」とか「自然法則」に置き直して(コレヒトの言葉　十二章)を読み直すと、

「若き日にあなたの造り主を心に刻め、

災いの日々がやって来て
『私には喜びがない』と言うよわい(年齢)に近づかないうちに
太陽と光、月と星が闇にならないうちに
雨の後にまた雲が戻って来ないうちに」とは、

この世の「真理」である「因縁果報」と「自業自得」の法則を常に念頭に置いて自利・利他の心で行動しないと、自分の持つ煩悩(我)に従って行動することになる。

そうなると、一時的には自己満足を得ても、最終的には自分も周囲の人達も傷つけてしまうような災厄に見舞われてしまう。

そうならないように、そういう災厄に見舞われないように、できるだけ早く「因縁果報」と「自業自得」の法則を心に刻むことである。

できるだけ若いうちに「因縁果報」と「自業自得」の法則を念頭に置いて、自利・利他の心で行動するように努めることである。

という仏教の教えと共通性がある。


実は、〝旧約聖書(コレヒトの言葉)の教えと仏教の教えとは共通性がある〟という表現(文章)は、十分に言い尽くせていない〝舌足らずの表現〟である。

両者は、ただ真理について語っているだけなのである。

ヨーロッパ・中近東で説かれた真理が旧約聖書(コレヒトの言葉など)の教えとして現代まで伝えられてきたのであり、仏陀釈尊が説かれた真理が仏教の経典として同じく現代まで伝えられてきたのである。

このように、聖書も仏典も単なる古典ではなく、今も人々を幸福へと導いている聖典である。

今も燦然と光を放っている聖典なのである。

（解説）自利・利他

「自利・利他の心」の自利とは自分が利益を得るという意味であり、利他とは他人が利益を得るという意味である。

僧侶や宗教者の中には、

「自分の幸せは後回しにして、他人の幸せから先に願い、他人を救済しなさい」と話される方が時折お見えになる。

常に実践できれば素晴らしいことだと思うが、継続して実践するのはなかなか困難である。

「自分の幸せと共に、他人の幸せを願い、他人を救済しなさい」ならば、継続して実践することも割と出来るのではないかと思う。

その理由は、自分が少しでも幸せであると感じることができないと、心から他人の幸せを願い、他人を救済することなど我々凡人には到底出来ないからである。

そのために、自分の幸せと共に他人の幸せを願い、そのように実践するのである。

「利他の心」だけではなく、「自利・利他の心」がより大切なのである。

実は、「自分の幸せは後回しにして、他人の幸せから先に願い、他人を救済しなさい」も、結局のところは「自利・利他の心」なのである。

「他人の幸せを願い、他人を救済することを心掛ける」ことは、心(表層意識)で思っているのであるが、常日頃から心(表層意識)で思っていると、その思いは次第に心の奥深い領域(潜在意識・深層意識)まで浸透していく。

その際、「他人」という特定の主語は消え去ってしまい、自分も含めた「全ての人」が対象になるのである。

潜在意識・深層意識に浸透した思いは、表層意識を突き動かして、実際に行動するようになる。そうなると、自分も含めた「全ての人」が幸せになるように行動し、自分も含めた「全ての人」を救済するように行動するのである。


蛇足かもしれないが、自利・利他には次のような二つの前提条件がある。

① 人間同士の行為だけに限定される。
生物全体では、「食物連鎖」がある。

例えば、〝草の葉(植物)をバッタが食べる→バッタをカマキリが食べる→カマキリを小鳥が食べる→小鳥を鷹(タカ)が食べる〟というように、自分の生命を維持する行為(自利)は他の生物を殺戮して食する行為(残酷な行為)であり、その後に自分自身も別の生物から殺戮されて食われてしまう行為(哀れな利他の行為)でもある。

そこでは、自利と利他は一体(一元)であり、そういう宿命なのである。

② 「倫理や人道に決して反しないこと」が、自利・利他の大前提である。

例えば、詐欺を働く者の自己弁解、「俺が詐欺を働くのは、自分の利益(自利)だけでなく、詐欺仲間や家族の利益や生活のためであり、自利・利他の行為である。」という自分勝手な主張などは全て排除するためである。

話を元に戻したい。

さらに仏典には、人々を幸福へと導く〝教え〟だけではなく、それを達成するための〝実践方法〟も記されている。

当然のことながら、どの宗教団体にも実践方法(修行法)はある。

しかし、仏典には、何と体系的かつシステム的な実践方法(修行法)が記されているのである。

それが、前にも述べているが、仏陀が解脱を成し遂げた瞑想を主体とした「仏陀の修行法」である。仏陀の教えに最も近いとされる経典「阿含経」(ニカーヤまたはアーガマ)の中にある。

余談だが、日本のどの宗派の修行法も、「仏陀の修行法」の中からその幾つかを選択して、各宗派独自の修行法に編纂し直した内容になっていると筆者には思われる。

日本では近年まで、「三十七道品」は一部の学者や有識者以外、あまり知られていなかった。よく知られていたのは、仏道修行者が必ず修めるべき基本的な修行課目である「戒・定・慧の三学」や八正道(八聖道)などである。

ここで、「戒・定・慧の三学」を説明すると、「戒・定・慧」が三つ全て揃って仏陀の修行法なのである。

戒とは、「戒禁」(かいごん)ともいい、身・口・意(しん・く・い)という〝身体的行動と言葉(言動)および思い(意念)〟の悪行(積不善)を禁(断)じ、善行(積善)を実践することである。戒を習得する方法(実践法)も、戒(戒行)と言ったりする。

定とは、瞑想や座禅のことである。

通常(日常)の私達の心(意識)は、雑念(記憶や怒りや悲しみや懐かしさなど)が次々に湧き上がっており、心が静かで穏やかで、一つの対象に無心に定まっている時はほとんどない。ある時は怒り、ある時は憎しみ、ある時は悲しみ、ある時は喜び、ある時は失望し、そして、ある時は悔やんでいる。

心は、常に落ち着くことなく動き回って、私達の肉体と行動に影響を及ぼしている。例えば、親しい人から何気ない嫌味(いやみ)を言われた時にも、怒りの感情がこみ上げてくる。その場合、人間関係がギクシャクしないように、怒りの感情を抑えて、心を落ち着かせようとする。

定(瞑想や座禅)は、そのような心を落ち着かせようとする方法の一つとして、最初は考案され、その後に宗教などの修行法として発展してきたと筆者は考えている。

その定まっていない心を、一つの対象に集中して、心を平穏にすることが定(瞑想や座禅)である。これを実践していくと、日常生活においても、しだいに心が静かで穏やかになっていく。

また、定(瞑想や座禅)に習熟して、集中が極まった時に体験される、瞑想する主体と瞑想対象とが融け合ったような合一感である主客未分の感覚、または主客融合の感覚が三昧（サマーディ）と呼ばれる。

そして、定を習得する方法（実践法）も、定（禅定）と言ったりする。

慧とは、煩悩の惑を破って、全ての物事を正しく見ることであり、真実の姿を見極めることである。全ての物事を正しく見ることを智慧とも言うが、慧（智慧）を習得する方法も慧（慧学）と言ったりする。

慧（智慧）の有り無しは知識の有り無しではなく、さらに学力（学歴）が高い低いでもない。学力（学歴）が高く知識が豊富なはずなのに、簡単に詐欺の被害に遭う事例は少なくない。反対に、学力（学歴）は高くないし知識もそれほど豊富でなくても、詐欺の被害に遭わない（詐欺の被害から逃れた）人も多い。

戒・定・慧の目的は何かと言うと、「煩悩（我）」という〝自己中心的な心の働きを作動させる根本原因〟を解消することであり、解脱（輪廻を脱した境地、涅槃）を達成することである。

ここで、「戒・定・慧の三学」を「三十七道品」に当てはめると、大まかには次のようになる。

- 「四正断（四正勤）」は、悪（不善）を禁じて善を実践する「戒」に該当する。
- 「四神足（四如意足）」は、瞑想や座禅のことである「定」に該当する。
- 「四念住（四念処）」は、煩悩の惑を破って全ての物事を正しく見る「慧」に該当する。

「四正断(四正勤)」と「四神足(四如意足)」と「四念住(四念処)」を合わせて、「戒・定・慧の三学」すなわち仏陀の修行法なのである。

修行法の内容を説明する場合や修行法を人々(弟子や信者)に伝授する場合においては、それぞれ個別に行なうが、実際の修行においては各々が独立して個別に実践される訳ではなく、三つ同時に実践される。そして、仏陀の修行は瞑想を中心として組み立てられ、三つが同時に実践される。

● 「四正断(四正勤)」を主体的に実践する場合は、「四念住(四念処)」が基盤となり、「四神足(四如意足)」が中核となる。

● 「四念住(四念処)」を主体的に実践する場合は、「四正断(四正勤)」は前提条件であり、「四神足(四如意足)」は中核となる。

● 「四神足(四如意足)」を主体的に実践する場合は、「四正断(四正勤)」は前提条件であり、「四念住(四念処)」は基盤となる。

それでは、五根・五力・七覚支・八正道は何かと言うと、それぞれが「戒・定・慧」の全て、すなわち仏陀の修行法そのものに該当するのである。

・「七覚支」は、「戒・定・慧」を七項目に分けて編成し、仏陀の修行法としては完結している。
・「八正道」は、さらに「戒・定・慧」を八項目に分けて編成し、仏陀の修行法としては完結している。

「八正道」は「七覚支」よりも項目数が多いので、より具体的な内容になっている。

さらに、「七覚支」と「八正道」は、修行の項目数が違うだけでなく、着眼点というか強調したい点すなわち内容も少し異なっている。

・「五根・五力」は、「戒・定・慧」を五項目に分けて、煩悩(我)に応じて各々二種類に分けて編成し、仏陀の修行法としては完結しているだけではなく、解脱を妨げている煩悩(我)とその影響をも含めて説明していると考えられる。
すなわち、煩悩(我)との関係も含めて、成仏法の全体像を説明していると考えられる。

ただし、項目数は「七覚支」や「八正道」よりも少ないので、「七覚支」や「八正道」よりも早い時期に説明(説法)もしくは編成されたものと考えられる。

おそらく、仏陀釈尊が初めて仏教の教義(法輪)を人々に説いた「初転法輪」で説法(説明)された修行法の内容に近いものではないかと筆者は考えている。

「初転法輪」は、数日かけたのか、一日だけだったのかはっきりしない。それでも、「初転法輪」の所要時間は、多くても数時間と推測されるので、詳細な内容までは仏陀は説いていないと思われる。

出来るだけ相手に理解できるように、例え話を織り込みながら、修行法の全体像を説明(説法)されたことであろう。

大まかな実践内容や修行の流れなどについて説明(説法)されたと思われる。

その際、修行法(成仏法)の『原理と方法』も説明(説法)されたと考えられる。

それを編集し、さらに詳しく追記したのが、「五根・五力」であると筆者は考えている。

言うなれば、「五根・五力」は成仏法の原理と方法を説明したものであり、入門書とも言うべきものであると筆者は考えている。


尚、これまでは、仏陀釈尊が初めて仏教の教義(法輪)を人々に説いた「初転法輪」は、「四聖諦(四諦)」と「八正道」であると言われてきた。

そうではなく、「四聖諦(四諦)」と「五根・五力」の内容に近いものではないかと筆者は考えている。

その理由は、前述したように、「五根・五力」も「七覚支」も「八正道」も、それぞれが「戒・定・慧」の全てを満たしており、仏陀の修行法としては完結している。

大まかな実践内容や修行の流れなどは、三つとも大差はないと思われる。

「七覚支」や「八正道」は、「五根・五力」の後に、より完成されたものとして編集されたものであると考えた方が妥当ではないかと思う。

（解説）「四聖諦（四諦）」

よく、「苦集滅道」と言われることが多い。これは、「解脱」へのプロセスを説いたものであり、現実の様相とそれを解決する方法を説明したものである。

四聖諦の「諦」は「真理」を意味しており、「４つの聖なる真理」という意味である。

四諦はその簡略形である。

「苦諦」（苦という現実の様相を示す真理）
この世は苦の世界であり、人は誰でも苦の人生を歩んでいることをいう。

「集諦」（苦の原因という真理）
苦には様々な原因の集まりがあることをいう。
または、苦の原因となるものを集めるために、苦が生じることをいう。

「滅諦」（苦の消滅という真理）
そこで、苦の原因を消滅させれば、苦は消滅することをいう。

「道諦」（苦の消滅を実現するという真理）
苦の原因を消滅させる方法（解脱への道、仏道）があることをいう。

成仏法は、悩みや苦しみを解消し、解脱という真の幸福をもたらすものであり、日常生活での幸福をもたらすのは勿論言うまでもない。

そのために本書の題名は、「**五根・五力法**　幸福への原理と方法」としている。

それでは、「**五根・五力法**　幸福への原理と方法」を詳しく解説していきたい。

目次

第五章　定根と定力と定の五根五力法

第一章　五根と五力と五根・五力法

第一章　五根と五力と五根・五力法

（一）　五根（ごこん）と五力（ごりき）

五根（ごこん）と五力（ごりき）は、仏陀の修行法である「三十七菩提分法」（三十七道品）の中の第四の修行法と第五の修行法であると伝えられている。

仏陀の修行法「三十七菩提分法」とは、苦しみと不幸のもとである煩悩（我）を解消して平安と幸せをもたらす方法であり、〝輪廻から解脱するための方法〟、すなわち成仏法である。

それは、仏陀の教えに最も近いとされる経典「阿含経」（ニカーヤまたはアーガマ）の第四編である「雑阿含経」の中に、究極の目標である「解脱」に到達するための実践方法として集録されている。

三十七道品とは、四念処（四念住）・四正勤（四正断）・四神足（四如意足）・五根・五力・七覚支・八正道（八聖道）の七種類に分別された総数三十七と記されている修行法である。

経典には修行法の名称は明記されてはいるが、その内容についてはあまり記されてはいない。また、別の経典の中にも、修行法の内容について述べている個所もあるが具体的ではない。

その理由は、

・当時の修行法は、全て口承や実地指導により伝えられたためである。

・そして、瞑想法は特にそうであるが、こういう直感的・感覚的な技術(知識)は、言葉(文章)ではどうしてもうまく伝えることが出来ないからである。

・そのために、修行体験者ならば何とか理解できるところまでしか、言葉(文章)ではうまく表現できないのである。

・もう一つは、理解できるところまでの修行を実践し続けると、修行が進むにつれて、次第に理解できる範囲が広がっていくように、言葉(文章)で表現している。

という見方もできる。

・そして何よりも重要な理由であると筆者が思っているのは、当時は今と違って、読み書きができる人は非常に少なかったからである。

王侯貴族の出自(生まれ、出身)や恵まれた出自が多かったと言われている仏陀の十大弟子以外は、読み書きができる人は非常に少なかったからである。

当然のことながら、ヨガやゾロアスター教など他の団体でも事情は同じであった。そのため、文字(文章、教科書)による指導ではなく、口承や実地指導によってしか、修行法は伝えることが出来なったのである。

（解　説）

① 筆者は、現代においては口承や実地指導よりも、まず文章化することが優先されるべきだと思っている。

その理由は、今は当時とは違って、ほとんどの人が読み書きができる。

そのために、文章化することは多くの人を対象にすることができる。

② 文章化することは、そのままの形で文章として残る。

途中で変更されたり、失われることがない。

③ 文章化したもの（書籍）を教科書として、適切に、効率的に、実地指導することができる。

五根・五力についても、書籍や論文を通して幾つかの説が言及されている。

それらは、おそらく伝承を参考にしたと思われるが、大まかには次のような簡単な説明である。

（例1） 五根は、信根・精進根・念根・定根・慧根の五つをいう。

根は基本となる能力をいい、信・精進・念・定・慧が、解脱に向かって高い能力を発揮する基本となる修行を五根という。

五力は、信力・精進力・念力・定力・慧力の五つをいい、基本となる五根から飛躍して力を発揮する最高度の修行を五力と言う。

（例2） 五根は、信根・精進根・念根・定根・慧根の五つをいう。

根は基本となる能力をいい、信・精進・念・定・慧が、解脱に向かって高い能力を発揮する基本となる修行を五根という。

五力は、五根のそれぞれが瞑想修行を通して均衡を保ち、一個人の中で主導的な力となった場合を五力と言う。


（例3）　五根は、信根・精進根・念根・定根・慧根の五つをいう。

そして、それは五つの修行の基礎能力をいう。

五力は、修行の結果得られた五つの発揮できる力のことである。


三つの例をみると、五根の取り扱いは同じだが、五力の取り扱いについては異なっている。そして、いずれも具体的な説明はないので、それ以上は残念ながら分からない。

以上のように、仏陀がお亡くなりになって以降、二千数百年もの間、公には具体的に詳しく言及されたことはなかった。

今回、五根・五力を、具体的に説明し、実践方法を具体的に提示しようと試みている。

まずは、五根・五力について説明したい。

五根とは、解脱を得る（達成する）ための根本的な五つの能力（機根）であるところの、

・信の根本的な能力(機根)
・精進の根本的な能力(機根)
・念の根本的な能力(機根)
・定の根本的な能力(機根)
・慧の根本的な能力(機根)

のことを意味しており、それぞれ、

・信根(しんこん)
・精進根(しょうじんこん)
・念根(ねんこん)
・定根(じょうこん)
・慧根(えこん)

と称している。


ここでいう能力(機根)とは、通常よく使われる能力とは異なっている。

通常よく使われている能力は、例えば、「Aさんは計算能力が優れているが、Bさんは計算能力が劣る」とか、「Aさんは理解力が優れているが、Bさんは理解力が劣る」と言うように、個人差がある能力も、その意味合いに含まれている。

それに対して、能力(機根)は、〝全ての人に平等に生まれながらに備わっている能力〟のことを意味している。

信根、精進根、念根、定根、慧根の「根」は、

日常的に使われている言葉であるところの、「お前、根性が足りないぞ、もっと根性を出せ！」の、「根性」(全ての人に平等に生まれながらに備わっている性質)の「根」と同じ意味であり、〝本来的に持っている〟という意味である。

言葉を換えると、五根とは、「全ての人間は、信、精進、念、定、慧を獲得できる能力(機根)が生まれながらに平等に備わっている」ことを意味しているのである。

- 全ての人に平等に生まれながらに備わっている完全なる信を獲得できる能力(機根)が、信根(しんこん)。
- 全ての人に平等に生まれながらに備わっている完全なる精進を獲得できる能力(機根)が、精進根(しょうじんこん)。
- 全ての人に平等に生まれながらに備わっている完全なる念を獲得できる能力(機根)が、念根(ねんこん)。
- 全ての人に平等に生まれながらに備わっている完全なる定を獲得できる能力(機根)が、定根(じょうこん)。
- 全ての人に平等に生まれながらに備わっている完全なる慧を獲得できる能力(機根)が、慧根(えこん)。

これら五つの、全ての人間に本来備わっている〝解脱を得るための根本的な能力(機根)〟が、五根なのである。

五力も、五根と同じく、解脱を達成するために必要不可欠である五つの能力の

- 信の能力
- 精進の能力
- 念の能力
- 定の能力
- 慧の能力

のことを意味しているが、五根とは名称が異なっており、

- 信力(しんりき)
- 精進力(しょうじんりき)
- 念力(ねんりき)
- 定力(じょうりき)
- 慧力(えりき)

と称している。

当然のことだが、両者は名称が異なるだけではなく、その内容・意味合いも異なっている。

両者の違いは何かというと、
五力は五根とは違って、全ての人間に備わっている解脱を得るための根本的な能力(機根)が、現時点ではどれくらい開花しているのかという、一個人の現時点での能力のことを意味していると考えられる。すなわち、個人差がある。

信力、精進力、念力、定力、慧力の「力」は、
日常的に使われている言葉であるところの、「君の本当の実力を見せてもらおうか。」の、「実力」の「力」と同じ意味であり、〝その人が実際に備えている今現在の能力または力量〟という意味である。

言葉を換えると、五力とは、全ての人間に備わっている解脱を得るための根本的な能力(機根)すなわち五根を、現時点ではどれくらい発揮できるのかという、現時点での能力のことをいう。

- 信根の信をどれくらい発揮できるのかという、現時点での信の能力が、信力(しんりき)。
- 精進根の精進をどれくらい発揮できるのかという、現時点での精進の能力が、精進力(しょうじんりき)。
- 念根の念をどれくらい発揮できるのかという、現時点での念の能力が、念力(ねんりき)。
- 定根の定をどれくらい発揮できるのかという、現時点での定の能力が、定力(じょうりき)。
- 慧根の慧をどれくらい発揮できるのかという、現時点での慧の能力が、慧力(えりき)。

全ての人間に備わっている解脱を得るための根本的な能力(機根)である「五根」を、一個人がどれくらい発揮できるのかという一個人の現時点での能力が、「五力」なのである。

一個人の「力」について、もう少し説明したい。

ここでいう「力」とは、腕力や脚力や圧縮力や瞬発力などの物理的な力のことではない。判断力とか実務遂行能力とか継続力(根気力)とか他者への影響力など、知的能力や精神的な能力を含めた個人の総合力(総合的な人間力)のことである。

さらに、一個人の「力」には、「実力(真の力)」と「権力」とがある。

- 「実力」とは、一個人が持つ現時点での本当の能力であり、役職(肩書)などに左右されない「力」である。

一個人の真の判断力や実務遂行能力や継続力(根気力)などであり、他者を自分から進んで行動させるように仕向けることができる〝他者への影響力〟もそうである。

- 「権力」とは、例えば一個人が何らかの役職に就いている場合は、その役職に付随する権利であり、役職を辞すると消えてしまう「力」(権利)である。

特徴的なものは、他者の意に反していても、他者を強制的に行動させることができる特別な「力」(権利)を言う。

「権力」の「権」は「仮」という意味であり、権力とは「仮の力」という意味である。

昔の宮廷の役職名である、

　大納言、権大納言(ごんだいなごん)、中納言 ……

仏教の僧侶の役職名である、

大僧正、権大僧正(ごんだいそうじょう)、僧正、権僧正……などの、「権」と同じく、「仮」という意味である。

さらに説明すると、繰り返しになるが、「権力」とは何らかの役職に就いている場合は、その役職に付随する権利であり、役職を辞すると消えてしまう「力」(権利)であるが、そのために「権力」を行使する際は往々にして自己中心的な思い(考え)を伴い易い。

場合によっては、「権力」を行使することで自分の欲望(我欲)を満たすことができるので、「権力」に魅せられて、出来るだけ長く「権力」にしがみつきたいと画策する人も少なくない。

「権力」に魅せられた者が必ず陥ってしまう最悪のケースは、現状の「権力」に満足できずに、より多くの「権力」・より強力な「権力」を得ようと望み、その実現に反対する良識ある人達を排斥してしまうことである。

「権力」を濫用(乱用)し悪用して、自分の欲望(我欲)を満たそうとする事例には、

- 自分や親族や親しい人物の利益(特別待遇や金品など)を得る事例
- 我欲や自己満足のために著名人に近づく事例や異性に近づく事例
- 自分(の考え)に逆らう人物を排除する事例や自分に従う人物を登用する事例

などがあり、自分の偉さを周囲に誇示するようにして、「権力」を濫用する者もいる。

そういう場合でも、周囲に対しては自分の企み(我欲)は正当化して、「権力」を悪用する。しかし、周囲の人達は、権力の悪用(不正行使)に気づいている場合が案外多い。

周囲の人達は自分の身に危険が及ぶのを避けるために、それを黙認している場合も多い。
または、権力者に取り入る目的で忖度し、権力者の企み（意図）に加担する不届き者もいる。

そうした煩悩（我）を伴った「権力」の使用は、必ず因果律（因縁果報）により、最終的には「権力」を失うばかりでなく、それ相応の代償を払うことになる。よほど注意しなければならない。

また、この世（現実世界）では財産（お金）も、「財力」とか「金力」などと言われているように、それこそ使い方しだいでは一種の「権力」のような大きな力を持っている。

そのために、自分の欲望（我欲）を満たす目的で、他人を騙したり罠にかける手段として財産（お金）を使用するなど、他人に危害や損害を与えてしまう危険性がある。

そのような煩悩（我）を伴った「財産（お金）」の使用は、必ず因果律（因縁果報）により、「財産（お金）」を失うばかりでなく、それ相応の代償を払うことになる。同じく注意しなければならない。

ここで、私達一般人が、十分に注意しなければならないことがある。

それは、自分の欲望（我欲）を満たす目的で、他人を騙したり罠にかけようと企む人物は、必ずと言ってもいいほど、因果律（因縁果報）を知らないか、知っていても全く信じていないか、自分には関係ないと無視することである。

もし、標的にした他人（相手）が騙されなかったり罠にかからなかった場合は、他人（相手）を多いに憎悪して、新たな手口（方法）で二度三度と騙そうとしたり罠にかけようと執拗に繰り返す傾向があると言われている。

それは、自分が卑怯な事(不正な事)を行なっているという自覚が全くないからである。

それどころか、自分は正当な事をしていると思い込んでいるからである。

それは、「権力」や「財産(お金)」を失った後でも執拗に続くと言う。

これを、「権力の魔力に喰われる(食われる)」と言う。

(二)　苦(苦悩、苦境)の発生原理

繰り返しになるが、五力の「力」は一個人が持つ「権力」ではなく、一個人の「真の力」すなわち役職などに付随しない「本当の実力」を意味している。五根は全ての人間に平等に備わっており、五力は一個人の現時点での能力であり個人差がある。


ここで、当然、誰しも次のような疑問が湧くのではないかと思う。

それは、

「五根と五力とに、分け隔てているものは何か?」

「何が、五根と五力に分け隔てているのか?」

という、ごく当たり前の疑問である。

結論から言うと、
・　五根と五力とに分け隔てているものは、「煩悩(我)」である。

・人は「煩悩(我)」があるために、五根を完全には発揮することができずに、各人の煩悩(我)の多少・大小に応じて、五力(各人の現時点での能力)しか発揮できないのである。

(解説) 煩悩(我)

煩悩とは、電子計算機(コンピューター)で例えると、内蔵されているプログラムの一部に相当する。

煩悩とは、人間一人一人の心(意識)に内蔵されているプログラムのうち、怒り・憎しみ・怨み・羨望・恐れ・妄想・偏見・自己限定など自己中心の心の働きを作動させるプログラムである。

例えば、同じ場面・状況に遭遇しても、Aさんは怒りや憎しみの感情が湧くが、Bさんは感謝の感情が湧くというように、心(意識)に内蔵されているプログラムに従って異なる感情が湧き、異なる行動を起こす。

Cさんは肯定的(プラス)に受け取り希望を持って積極的に行動するが、Dさんは否定的(マイナス)に受け取り希望を失って行動を中止するなど、心(意識)に内蔵されているプログラムに従って異なる判断をし、異なる選択をする。

心(意識)に内蔵されているプログラムの一部である我(煩悩)は、生まれてから現在までの行為、思考、思念が蓄積されて形成されたものだけではなく、前世の行為、思考、思念も蓄積されて形成されていると言われている。

そのため、今この瞬間の心の状態(思い)も、常に客観的に注意して改善しようと努めない限りは、心(意識)に内蔵されているプログラムの一部である煩悩(我)に従って形成されることになる。

煩悩(我)は、仏陀釈尊の教え(仏教)の最も重要な概念の一つなので、もう少し説明したい。
繰り返しになるが、この世にあるものは全て、因果律(因縁果報)により存在している。全て原因があって、それに条件(縁)が加わって、結果となってあらわれる。
現れた結果が、さらに次の原因となって(報となって)展開していく。この世は全て、因縁果報(因果律)により存在している。
全ては、因果律により偶然ではなく必然的に展開するので、そのことを運命とも称している。

私達が体験する苦(苦悩、苦境)の原因の根源になっているのが、煩悩(我)である。

それだけではなく、不条理と言うべきか不平等とも言うべきか、各人がそれぞれ持って生まれた最初の条件、たとえば両親や家庭環境は勿論のこと、自分自身の性格や体力や知能、容姿や体質、健康状態に至るまで全てが、前世で蓄積された行為、思考、思念によって形成された煩悩(我)が、大きな影響を及ぼしているのである。
さらに、この世に生まれてからも、煩悩(我)に影響された行為(業)が原因となって、それに条件(縁)が加わって、結果(苦悩、苦境)となってあらわれるのである。

煩悩(我)に影響された業(悪行、不善)→因果律(因縁果報)→苦(苦悩、苦境)
これが、苦(苦悩、苦境)が発生する原理である。

苦(苦悩、苦境)の発生原理は、自分自身の業(行為)は必ず自分自身が結果(報い)を受けることになるという「自業自得」だけではなく、子孫への影響も含んでいる。

儒教の「易経」に、

「積不善(せきふぜん)の家には、必ず余殃(よおう)あり」とあるように、
苦(苦悩、苦境)が発生する業(行為)は、本人(行為の当事者)だけではなく、本人から余り溢れて、子や孫にも影響を与え、不幸をもたらすのである。

しかも、本人(行為の当事者)よりも抵抗力が弱い子や孫に、先に影響を与え不幸をもたらす場合が往々にしてある。


今現在直面している問題(生活や人間関係の問題)などを解決するために、宗教は勿論のこと運命学と運命術(占星術、手相、人相などの占い)は生まれ、そして発展してきたのである。

学問である運命学とその実践方法である運命術では、人々(大衆)が理解し易いように、悩みや苦しみの根源を、「因縁(運命)」とか「運命の星」という名称を使って、人々(大衆)に対して説明したり、対処法や解決法を教えてきた。

もともと運命学と運命術は、僧侶など宗教者が人々(大衆)の悩みや苦しみを解決するために、研究・編成・発展をしてきたとも言われており、筆者も同じ意見である。

「因縁(運命)」とか「運命の星」を前面に出すことで、人々(大衆)に対して分かり易く説明できるという利点があるが、その反面、煩悩(我)の重要性が曖昧になったり、煩悩(我)の理解が疎かになり、仏陀釈尊の教えや仏陀の修行法から逸脱しかねない欠点(危険性)がある。

(三)　五根・五力法と仏陀の修行法の原理

「五根・五力法」とは、五根・五力の意味合いから、五根・五力での仏陀の修行法に付けた名称である。それは、人々の五力(現時点での能力)を、五根そのものの能力まで発揮できるようにする修行法のことをいう。

すなわち、解脱を達成するための必修科目(修行法)である。

信・精進・念・定・慧の各項目ごとに必修科目(修行法)がある。

言葉を換えると、五根を五力に限定(制限)している根源である煩悩(我)を、解消する修行法のことをいう。

すなわち、解脱へ導く方法であり、成仏法のことである。

ここで、多くの人はおそらく次のような思いや感情を懐(いだ)くのではないだろうか。

「自分にとっては、解脱とか成仏とか、そんな大層なことなどどうでもいいのだ。

それよりもまずは、今の苦境(悩みや苦しみ)から一日でも早く脱け出したいのだ。」と、

または、

「そんなことより、就職して衣食住の心配をなくしたい。」とか、

「早く病気を治したい。早く元の健康(体調・体力・精神的安定)を取り戻したい。」

「早く引きこもり状態から脱け出して、就職をして社会復帰したい。」

「何とかして成績を上げたい。希望する学校や会社に入りたい。」

「早くいい人に巡り合いたい。そして一緒になりたい。」

など、

「解脱とか成仏よりも、今の苦境(悩みや苦しみ)から早く脱け出したい」というのが、多くの人の切実で正直な願いであろう。

しかし、そのためには、

・今の苦境(悩みや苦しみ)と因果律(因縁果報)との関係

・さらに、私達が体験する苦境(悩みや苦しみ)の根本的な原因である煩悩(我)との関係を理解しなければならないのである。

そうすることで、苦境(悩みや苦しみ)から抜け出すためには、根本的な原因である煩悩(我)を抑制し、一つずつ解消していくことが必要であると分かるようになる。

さらに、解脱するためには、煩悩(我)を全て解消しなければならないことが分かるようになる。

それを可能にするのが、仏陀の修行法なのである。

すなわち、

① 苦境(悩みや苦しみ)は、私達自身が原因となる行為を行なっており、それは因果律(因縁果報)に則って現実化することを理解する。

② 苦境(悩みや苦しみ)の原因となる行為は、私達自身の煩悩(我)に大きな影響を受けていることを理解する。

③　苦境から抜け出すためには、苦境の原因となる行為を反省し、二度と行なわないことを決意して遵守する。
それに合わせて、環境（所属先や交友関係）の見直しや変更など、条件（縁）を変える。
そして、そうした対策（やるべき事）を一つずつ実践していく。

④　さらに、苦境（悩みや苦しみ）に陥らないためには、煩悩（我）を抑制し、煩悩（我）を一つずつ解消しなければならないことを理解し実践する。

⑤　その先にある解脱は、煩悩（我）を全て解消しなければならないことを理解する。

⑥　それを実現する方法が、仏陀の修行法「三十七菩提分法」である。いわゆる、成仏法である。

この一連の流れ（真理）が、仏陀の修行法の原理である。

そして、この仏陀の修行法の原理を、四つに要約したのが『四聖諦（四諦）』である。

残念ながら、『四聖諦（四諦）』には煩悩（我）の記述はない。
仏陀の教えの根底には、「煩悩（我）の解消」すなわち「解脱」があるので、当時の修行者達（出家者、在家者とも）には、あえて煩悩（我）に言及する必要はなかったのであろう。

話を進めたい。
私達が生まれた最初の条件をみても、やさしい親のもとに生まれた人もいれば、しょっちゅう暴力をふるい食事もろくに与えてくれない親のもとに生まれた人もいる。

裕福な家庭に生まれた人もいれば、貧しい家庭に生まれた人もいる。

優しい性格の人もいれば、意地悪な性格の人もいる。

容姿とか体力とか体格とか知能とかが優れた人もいれば、劣っている人もいる。

健康な体で生まれた人もいれば、病気や病弱な体で生まれた人もいる。

そこには確かに、〝不条理〟とも思える不平等な現実がある。

それらは、前世で蓄積された行為、思考、思念により形成された煩悩(我)が原因・根源(もと)となって、この世の法則である因果律(因縁果報)によって、苦(苦悩、苦境)が発生する原理によって、

煩悩(我)に影響された業(行為)→因果律(因縁果報)→今の苦境(悩みや苦しみ)

と、現象化(現実化)している。


しかし、そうは言っても、やはり〝不条理〟とも思える現実には納得できない。

さらに、この世の法則である因果律(因縁果報)でさえ、納得したくない気持ちになるのではないだろうか。

それでも、因果律(因縁果報)によって、この世は成り立っているのである。

実は、そこに救いもあるのである。希望の光があるのである。


この世の法則である因果律(因縁果報)によって、〝不条理〟とも思える現実があるが、その因果律(因縁果報)によって、現実(現状)を変える(改善する)ことも可能なのである。

この世の全ては、〝諸行無常〟である。

すなわち、この世の全ては、いつまでも同じ状態で存在し続けることはできない。必ず変化するのである。今この瞬間においても、変化している。

そうであるからこそ、〝不条理〟とも思える現実も当然変えることができる。

この世において、煩悩（我）の解消に努めていくと、因果律（因縁果報）によって、

煩悩（我）の抑制や解消→因果律（因縁果報）→今の苦境（悩みや苦しみ）の解決や解消→幸せや楽しみを得る

という方向（流れ）に、〝煩悩（我）の解消を決意し実践し始めた〟その瞬間から、大きな力が働いて、必ずそれが現象化（現実化）していくのである。

これも同じく儒教の「易経」に、

「積善（せきぜん）の家には、必ず余慶（よけい）あり」とあるように、

苦（苦悩、苦境）の解決・解消に向けての業（積善などの行為）は、本人（行為の当事者）だけではなく、本人から余り溢れて、子や孫にも影響を与え、幸福をもたらすのである。

ただし、この世（現実世界、三次元世界）は物質世界であるために、「想念だけの世界」とは異なって、物質（身体も含む）が持つ影響力とその介在があるために、すべての出来事には時間（経過）という要素（ファクター）が絡むので、その進展には時間がかかる。

すなわち、

原因 ⇓ 条件(縁) ⇓ 結果 ⇓ 次の原因(報)

の経過は、長い場合には数年とか数十年とかの期間を要することも少なくない。

例えば、

この世(物質世界、三次元世界)での行為は、まず自分の心で思い(想念し)、時間を経過(時には瞬時、時には数日)して肉体的な行為に及ぶ。

ついうっかりした行為や魔が差した行為も、その行為以前に自分の心で想念している。

そして、その行為はある時間(時には瞬時、時には数年)を経過して、その行為に応じた結果をもたらす。

ここで、この世(物質世界、三次元世界)ではない「想念だけの世界」を考えてみよう。

「想念だけの世界」とは、具体的には「夢の世界」もそうである。

また、輪廻(生死の繰り返し)するならば、生と次の生の中間である死後の世界が存在しなければならない。

その死後の世界も、物質としての肉体がないので「想念だけの世界」である。

そこで、誰もが経験したことがある「夢」を参考に、「想念だけの世界」を考えてみたい。

想念の世界では、ある行為を自分の心で思う(想念する)こと自体が行為となり、すぐにその行為の結果が出る。想念の世界では、思い(想念)がそのまま行為である。

そのため、原因である行為と結果の間には時間の経過はなく、原因となる行為(想念)は瞬時に結果

(想念という行為に応じた出来事)をもたらす。

すなわち、時間という概念(考え)は存在しないとも言える。

それに対して、この世(物質世界)では、原因(行為)が発生して結果(行為の影響)が確定するまで期間(経過)を要するために、時間という概念と永遠という概念が生まれてくる。


想念の世界では、自分の心(思い、想念)による行為によって瞬時に出来事(結果)が起き、すぐに自分の心がそれに反応し、新たにそれに応じた行為(思い、想念)を起こす。

そして、瞬時に新たな出来事(結果)を経験することになる。

次々に、自分の心(思い、想念)に応じた出来事を経験する。

そのため、自分の行為の反省(自分の心・思い・想念の反省)を行なうことは、ほとんどと言っていいほど出来ない。夢の中の自分を考えれば、何となく理解できると思う。

起きている間は、常に肉体を感じながら、自分を認識している。

そして、自分の名前、自分の住所、今いる場所、今行なっている行為を認識している。

ところが夢の中では、自分の名前、自分の住所、今いる場所、今行なっている行為を認識することなく、ただ次々に変化する状況に対応して行動しているだけである。

(ただし、目覚める直前になると、家族や知人が夢に現れたり、自分の名前を認識できたりするようになる。)

この世では、前もって行為を検証したり、反省したり、結果を予想して行為を変更したり取り止めたり出来るが、想念の世界では思い(想念)がそのまま行為なので、その時の自分の心のままに行動し、環境が形成される。

別の角度から眺めると、想念の世界では因果律（因縁果報）が連続して起きるので、一つの行為の初めから終わりまでを見極めることは可能である。

【ただし、「見極める思い」を心（意識）のどこかに持っていることが前提条件なので、煩悩（我）がある水準以下まで少なくなっていないと実際には難しい。】

ところが、現実世界（物質世界、三次元世界）では、原因である行為と結果の間には時間の経過があるので、一つの行為の初めから終わり（結果）までを、途中の段階で見極める（正しく予想する）ことは、多くの場合は不可能に近い。

【ただし、煩悩（我）が少なくなってくると、もたらされる結果を直観的に見極める（正しく予想する）ことが可能になる。これも智慧の一つである。】

ここに、〝不思議〟とも思える現実を生み出しているこの世（物質世界、三次元世界）の本当の姿がある。この〝不思議〟とも思える現実の様相（本当の姿）は、仏陀（仏教）以前から、そしてギリシャ・中東においても広く言及されている。

旧約聖書の「コレヒトの言葉（伝道の書）」にも、次のように述べられている。

天の下では
すべてに時機があり
すべての出来事に時がある

生まれるに時があり　死ぬに時がある
植えるに時があり　抜くに時がある
殺すに時があり　癒すに時がある
壊すに時があり　建てるに時がある
泣くに時があり　笑うに時がある
嘆くに時があり　踊るに時がある
石を投げるに時があり　石を集めるに時がある
抱くに時があり　ほどくに時がある
求めるに時があり　失うに時がある
保つに時があり　放つに時がある
裂くに時があり　縫うに時がある
黙すに時があり　語るに時がある
愛するに時があり　憎むに時がある
戦いの時があり　平和の時がある
人が労苦したところで何の益があろうか
私は、神が人の子らに苦労させるよう与えた務めを見た
神はすべてを時に適って麗しく造り、永遠を人の心に与えた
だが神の行った業を
人は初めから終わりまで見極めることはできない
（コレヒトの言葉　三章）

繰り返しになるが、この世(物質世界、現実世界)では、原因である行為と結果の間には時間の経過があり、一つの行為の初めから終わりまで(行為によって引き起こされる出来事)を見極める(正しく予想する)ことはなかなか出来ない。

神の行った業を、すなわち法則である因果律(因縁果報)に基づいている業(行為)を、人は初めから終わりまで見極める(正しく予想する)ことはできない

さらに、時間の経過があるということは、全て(の行為や出来事)には、それが現実に姿となって現れる(現象化する)時機があることを意味している。

天の下では、すなわち現実世界(物質世界、三次元世界)では、
すべてに時機があり
すべての出来事に時がある

このように、〝不思議〟とも思える現実の様相(本当の姿)は、数千年以上も前から、インドやギリシャ・中東において広く言及されていた。

おそらく、その時々の聖者や天才達によって議論され研究されたのであろう。

しかし、その改善・解決に向けての具体的で体系的でシステム的な方法は、一つの例外を除いては残念ながら遺(のこ)ってはいない。

(ただし、古代から連綿と続いている宗教団体か修養結社において、何らかの形で伝承されている可能性は否定できない。)

その一つの例外こそが、全ての人々のために仏陀釈尊が遺(のこ)して下さった仏陀の修行法「三十七道品」なのである。

「三十七道品」は七つに分類されており、その一部が五根と五力である。

そして、五根と五力を解説したのが、今回の「**五根・五力法**　幸福への原理と方法」である。

それでは「**五根・五力法**　幸福への原理と方法」を、信・精進・念・定・慧の各項目ごとに具体的に解説していきたい。

第二章　信根と信力と信の五根五力法

第二章　信根と信力と信の五根五力法

（一）　信根（しんこん）と信力（しんりき）

信根と信力は、人間に備わっている「信じる能力」のことである。

この世（人間世界）は、「信じること」（信じるという行為）が暗黙の了解（前提条件）となって成り立っている。

例えば、食料品店で買い物をする場合を例に挙げて説明すると、
私達は、「新米」と表示している米は、当然、本物の「新米」であると信じて買っている。

「もしかしたら、新米と表示している米は、古米を新米と偽っているのではないか」と疑う人はまずいない。私達は普段から、古米を新米と偽って売るような、とんでもない人（悪人）は身近にはいないと思っているし、そう信じている。信じているからこそ、疑うことなく買っている。

そう信じていないと、安心して買い物など出来ないだろう。

私達には、古米を新米と偽って売るような悪行為は絶対にしないという〝暗黙のルール〟がある。

さらに、レストラン（食堂）で食事をする場合を例に挙げて説明すると、レストラン（食堂）で国内産牛肉のステーキを注文したら、必ず国内産牛肉のステーキが調理されてテーブルに運ばれてくると思って

いるし、そう信じている。

そう信じていないと、安心してレストラン(食堂)では食事など出来ないだろう。

このように、この世(人間世界)は「信じること」(信じるという行為)が前提になっているのである。

これを逆手に取って、偽ってもばれない(露見しない)だろうと思い、実際に偽って売るような悪人も残念ながらいるのもまた事実であるが、そういう不届き者(悪人)は極めて少ない。

食品や料理品を偽って売ったことが明らかになると、法律に触れて犯罪人として処罰される。

ところが、嘘をついたり口約束を破って、相手を傷つけたり損害を与えても、物的証拠や証人がない場合には、「知らぬ存ぜぬ」と嘘をつき通せば、法律上の犯罪になることからは免れることができる場合もある。

そのため、平気で嘘をついて、約束を破る不届き者(悪人)も少ないけれども実際にはいる。

もっとも、〝自分の失敗を隠すための嘘〟や〝食事や遊びなどの約束を破った苦い経験〟は、多くの人にあるかもしれない。

ほとんどの人は、嘘をついて約束を破ってしまうと罪悪感に苛まれて後悔するものだが、ごく一部の不届き者は、罪悪感が全くないかのように、平気で嘘をつき通し、嘘を繰り返す。

この世(人間世界)は、因果律(因縁果報)で成り立っているので、嘘をついたり口約束を破って相手を傷つけたり損害を与えると、後で必ずその報いを受けることになるのだが、それは一か月後なのか一年後なのか十年後なのか明確ではない。

そのために、ごく一部の人だが、人によっては因果律(因縁果報)を理解できずに、罪悪感が全くないかのように平気で嘘をつき通すし、繰り返すことになる。

残念なことに、そういう人は年齢・性別・職業・地位・学歴・知能に関係なく、社会のどの分野にもいることもまた事実である。

そうは言っても、この世(人間世界)は、「信じること」(信じるという行為)が前提になって成立している以上、「信じること」(信じるという行為)は必要不可欠なのである。

この世(人間世界)での信じる対象は、例えば、

・彼の人間性や誠実さを信じる
・彼女の話を信じる
・彼等が約束を守ることを信じる

など日常よく耳にするが、ほかにも〝信じる対象〟はそれこそ数え上げればキリがない。枚挙に遑(いとま)がない。

さて、仏陀の修行法を実践する際の最も重要な〝信じる対象〟は何かというと、それは解脱(輪廻からの解放、ニルバーナ)を達成するためにどうしても〝必要不可欠である対象〟をいう。

具体的にいうと、

①. 自分自身
②. 法(原動力と方法)

の二つがそうである。

この二つは、仏陀釈尊が臨終の際に念を押すようにしてお説きになった、かの有名な教え「自灯明、

法灯明」のことである。

- 「自灯明」とは、〝自分自身を灯明にする〟という意味である。
- 「自分自身を灯明にする」とは、〝自分自身を拠り所にする〟という意味である。
- 「自分自身を拠り所にする」の意味は、〝自分自身を信じる〟という意味である。
- 「自分自身を信じる」の意味は、

〝自分は必ず成し遂げることができるという確固たる自信を持たなければならない〟

という意味である。

繰り返すが、

「自灯明」とは、

〝自分は必ず成し遂げることができるという確固たる自信を持たなければならない〟

という意味である。

- 「法灯明」とは、〝法を灯明にする〟という意味である。
- 「法を灯明にする」とは、〝宇宙の法則とか真理とか神とか言われている「大生命」を自分自身で感じつつ、「大生命」を拠り所とする〟という意味である。
- 「大生命を拠り所とする」の意味は、〝真理(大生命)に関する思想や観念(考え)を説いている権威者や書物にだけ頼るのではなく、それらを参考にしながら、大生命そのものを感じながら自分自身で追求する〟という意味である。

繰り返すが、

「法灯明」とは、

㈠　〝真理（大生命）に関する思想や観念（考え）を説いている権威者や書物にだけ頼るのではなく、大生命そのものを感じながら自分自身で追求する〟という意味である。

もう一つの意味は、

㈡　〝仏陀の修行法である「三十七菩提分法」を絶対的に信じ、そして実践する〟という意味である。

別の言い方をすると、

「大生命（宇宙の法則、真理、神）に全てを任せきる」という意味である。

密教系の宗派では、護摩行の導師の僧侶が、「護摩行を行なう（修する）際は、わが身を法器と化す」などと言ったりする。

ここで言う法器は、〝本尊（不動明王など）のお力を受けることができる器〟という意味である。

その〝法器〟という言葉を使って、「大生命（宇宙の法則、真理、神）に全てを任せきる」を説明すると、「日常生活全般にわたって、常にわが身を法器と化す」という意味である。

護摩行を行なう（修する）際の導師の僧侶は、心（意識）には何も思わず、ひたすら定められた手順に従い護摩行（護摩を焚くこと）に集中しようと努めている。

当然のことながら、解脱していない限りは、心の奥底（潜在意識）から記憶や雑念などの煩悩（我）の思い(想念)が湧いてくる。

その煩悩(我)の思い(想念)を、いかに抑えて護摩行に集中するかで、効験(効果)が左右されるとも言われている。

そのため、力(験力)のある僧侶は、常日頃から厳しい修行を行なっているという。

ちなみに、護摩行を行なう(修する)時間は、30分前後が多いという。


「法灯明」とは、煩悩(我)の思い(怒りや憎しみ、仕事や生活等の不安など)を出来るだけ抑えて、仕事や学問など今やるべき事に集中し、「大生命」に全てを任せきる〟ことである。


繰り返しになるが、解脱していない限りは、心の奥底(潜在意識)から記憶や雑念などの煩悩(我)の思い(想念)が湧いてくる。

それを、いかにして対処し、そして実際に「法灯明」に近づいていくかが大きなポイントである。

当然のことながら、それは極めて難しい。

そのポイントを1と2に簡潔に述べると、

1. 自分の心(感情や思い)を常に意識することで、煩悩(我)の思い(想念)に素早く気付く。
そうして、煩悩(我)の思い(想念)を振り払って、今目の前のやるべき事に集中する。

特に、心(意識)が瞬間的に反応して生じる〝怒りと憎しみ〟には注意すること。

(例えば、突然に失礼な言動を受けた場合の、瞬間的な怒りなど。)

自分の心(感情や思い)を常に意識(監視)することが出来るようになると、煩悩(我)を振り払って、今目の前のやるべき事に集中することが出来るようになる。

その代表的な方法が、仏陀の修行法の「四念処法」である。

勿論、マインドフルネス瞑想やヴィパッサナー瞑想も同じくそうである。


その他にも、多くの教団や宗派で実践され推奨されている〝下座の行〟も効果がある。

(解説) 下座の行(下座行)

下座の行とは、自分自身を、〝人よりも一段と低い位置に身を置く態度で人に接する〟ことを言う。

人は誰でもそうであるが、特に人間性が低い人ほど、自分よりも立場や地位が下にいる人に対して、見下したり、高慢になったり(いばったり)しがちである。

下座の行とは、自分が思っている〝自分自身の値打ち〟よりも、二段も三段も下がった位置に身を置くことを常に心掛けて、その地位に安んじて、わが身の修養に励むことを言う。

そうすることによって、自分の高慢な気持(傲慢心)が打ち砕かれていく。

そして、自分の傲慢心が打ち砕かれていくと、怒りや憎しみという煩悩(我)の思い(想念)を、赦しと慈悲の思いに変えることが次第に出来るようになる。

ノートルダム清心女子大学の理事長であったキリスト教カトリック修道女の故渡辺和子(シスター)師は、「本当の強さ」とは、何かに敢然と立ち向かうというような勇気ではなく、「受け入れがたいものを受け入れる勇気」だとして、受け入れがたいものとは、誰かに嫌なことを言われたり、悪口を言われたりした時、怒ったり言い返したり、反撃したりしないでグッと自分を抑える勇気だという。

さらに、嫌なことや悪口を言われても、ニコッと笑顔で返すくらいの勇気だという。

この「受け入れがたいものを受け入れる勇気」を身に付ける方法の一つが、下座の行である。

自分の高慢な気持(傲慢心)を見つめ直し、打ち砕くことが、この下座行の本質である。

人からどんなに低く見られようと、それを微塵(みじん)も不満に思わず、淡々と仕事をし、生活することを言う。

多くの寺院で実践されている下座の行は、主に掃除を通じて実践する修行である。

僧侶の間で「下座行」と云えば、「掃除」の別名だという。

なかでも、人が嫌がるトイレ(便所)掃除を、信者や一般人には特に推奨している。

2．

1の方法が十分に出来るようになったら、

次に、煩悩(我)の思い(想念)を、愛と慈悲と赦しの思い(想念)に転換することを常日頃から念頭に置く(心に刻んでおく)。

そのうえで、それを実践していく。

(例えば、怒りや憎しみに気付いたら、その思いを打ち払って、赦しと慈悲の思いに変える。)

その具体的な身近な例を挙げると、

例えば、ひどい嫌味や悪口などの失礼な言動を受けた場合、(こういう言動を発するのは人間性に問題がある人物が多いが)、誰でも反応的に怒りがこみ上げる。

ここで、あえて言えば、
人間性に問題がある人物から失礼な言動を受けた場合は、その旨を相手にはっきりと伝えることが重要である。同時に相手の言動から自分を守ることである。
そうしないと、相手は自分の非を自覚する機会を失うので、いつまで経っても失礼な言動を繰返すことになり、そういう人物から自分も周囲も大きな迷惑を受け続けることになる。
その上で、
対処法としては、相手に対する怒りの感情を抑えて、それを憐憫の感情に転換し、さらに相手を赦して、相手の成長を祈るように、常日頃から心がけるのである。
そして、それを実践していく。

「法灯明」とは、

㈢「大生命(宇宙の法則、真理、神)に全てを任せきる」
という意味である。

「法灯明」とは、

㈣「日常生活全てにわたって、常にわが身を法器と化す」
という意味である。

そのために、トレーニング(訓練、修行)をしていると言っても過言ではない。
「自灯明、法灯明」こそ最も難しく、最も重要であるために、お釈迦様は臨終の際にも、念を押すように最後の教えとしてお説きになったのである。

ここで、〝真理（大生命）に関する思想や観念（考え）を説いている権威者や書物に頼るのではなく〟について、補足説明をしたいと思う。

この意味は、〝権威者の話や意見（解説）を信じてはいけない〟ということではない。

もちろん、〝書物を信じてはいけない〟ということでもない。

この意味は、〝権威者や権威ある書物と言うだけで、全面的に盲目的にそのまま何も疑問を懐くことなく信じてしまうことは危険である〟ということである。

真理（大生命）に関する思想や観念（考え）を説いている権威者や書物の著者は、彼らが〝把握（理解）した範囲の真理〟を説いているのである。

彼らの理解力（煩悩に影響された知恵）を通して、彼らが追及して〟把握（理解）した範囲の真理〟を説いているのである。

決して、〝真理そのものを必ず説いているのではない〟ことを、常に念頭に置くべきである。

人は誰でもそうであるが、権威者が言うことや権威ある書物に書いてあることに対しては、盲目的にそのまま何も疑問を懐くことなく信じてしまい易い。

専門用語を駆使していたり、学術論文からの引用が多いと、特に信じてしまい易い。

もしかしたら、自分達に都合がいいように真理を一部拡大解釈したり、一部曲解している可能性があるかもしれない。

または、組織の運営や経営の都合上、そうせざるを得ない場合もあるかもしれない。

または、真理をあまり深く追求できていない場合も十分に考えられる。


そうであるからこそ、真理(大生命)そのものを感じながら、自分自身で追求しなければならないのである。

権威者が言うことや権威ある書物に書いてあることは、確かに重要であることが多いので、参考にしながら検証しながら、自分自身で追求しなければならないのである。

繰り返しになるが、①と②に対する「信」は必要不可欠である。

①.自分自身
②.法(原動力と方法)

このことは、何も修行だけに限ることではなく、仕事やスポーツや趣味でもそうである。

何かを成し遂げる際には、自分自身への確固たる「信」(自信)が最も重要なのである。

そして、成し遂げるための原動力(力の本源、大生命)と方法(法、修行法)への絶対的な「信」(信頼)が最も重要である。

迷いや不安があってはいけない。わずかな迷いや不安もあってはいけない。

そのためにトレーニング(訓練、修行)をしていると言っても過言ではない。


実は、〝自分(の力)を信じる〟場合でも、〝神仏(の力)を信じる〟場合でも、〝人との約束を信じる〟場合でもそうであるが、自分の心(意識)をよく観察してみて、〝信じたい〟と思っていたり、信じることを少しでも努力しているならば、本当の「信」(自信、信頼)ではない。

何故ならば、実は少しは疑っているので、〝信じたい〟と思うのである。

少しは疑いの心があるので、信じようと努力するのである。

もし本当に心の底から完全に信じているならば、〝信じたい〟という思いは心の中にはない。

疑いの心が全くなければ、信じようと努力することはない。

そして、〝信じたい〟という表現はしない。

例えば、〝明日も太陽は東から昇って西に沈むと信じたい〟とは言わない。

それは、太陽は東から昇って西に沈むと心の底から完全に信じているからである。

完全なる「信」は、〝信じたい〟という期待の思いはないので、そういう表現はしない。

ほかの例では、自転車に乗ることができる人は、

〝明日も自転車に乗ることができると信じている〟とは思わないし、言わない。

もし言うとしたら、〝明日も自転車に乗るとか乗ろう〟と言うはずである。

(解説)　大生命

宇宙(物質)は根源的な元素やエネルギーによって構成されるが、それを成り立たせるものが「大生命」であり、それは唯一の実在である。

キリスト教やユダヤ教などの一神教では神と呼ばれ、大乗仏教では大日如来などと呼ばれ、宗教とは一線を画している知識人からは「宇宙法則」とか「真理」とか「宇宙意識」とか「大生命」などと呼ばれている。

全ての物質、生物、もちろん人間にも「大生命」が浸透しており、「大生命」が浸透しているからこそ全ての物質、生物、人間は存在することができる。

「大生命」は宇宙の隅々まで浸透し、宇宙を構築し、全ての運動・行為も背後で支えている。

〈解説〉 輪廻

(一) ヒンズー教の「輪廻」観

前世の信心と業(カルマ、行為)により現世の運命が決まっており、現世の信心と業(カルマ、行為)により来世の運命が決まると主張する。

そして、信心と業によりカースト制度の位階も決まると主張する。

ある行為(原因)が行なわれると、それに応じた結果が生じる。

それだけに止まらず、行為は何らかの余力を残して、次の生(来世)においても影響を及ぼすとされた。

すなわち、現世の人生は、前世の行為の結果であり、行為(カルマ)は輪廻の原因とされた。

そして輪廻の主体は身体の中にあって、他人と区別しうる不変の実体(霊魂のようなもの)であるアートマンと考えられ、真我と漢訳された。

アートマンは宇宙の真理であるブラフマン(梵)が本体なのに、輪廻するうちに業(カルマ)によって穢(けが)されたもので、輪廻する存在であるとされている。

アートマン(真我)の穢れをなくしてブラフマン(梵)と一体化することが解脱とされ、梵我一如と称している。

解脱すなわち梵我一如は、悪行は一切行わずに、常に信心と善なる業(カルマ)を行ない続けることで達成できるとされている。

信心と善なる業(カルマ)を行なって、シュードラ(奴隷階級)⇓バイシャ(平民階級)⇓クシャトリヤ(王族・武士階級)⇓バラモン(司祭階級)と生まれ変わり、さらに気の遠くなるほど多くの生まれ変わりを経て、しかもそれぞれの世において信心と善なる業(カルマ、行為)を行ない続けて、ようやくブラフマン(梵)とアートマン(真我)が同一であると覚ることができ、輪廻から解脱することができるとされた。

そして、ブラフマン(梵)とアートマン(真我)は、永遠不滅の実存とされた。

(二)　仏教の「輪廻」観

仏教においても輪廻を苦と捉え、輪廻から解脱することを目的とする。

そして、輪廻から解脱した境地・煩悩の消え去った境地を涅槃寂静と説いている。

仏教では、輪廻において主体となる永遠不滅の我(アートマン)は想定しない。

なぜなら、永遠不滅すなわち実存であるならば、永遠に輪廻し続けるからである。

仏教では、無我の立場で輪廻からの解脱を説いている。


阿含経典の第四篇である「雑阿含経」の中の「出家経」で、
①．人は死んだ後、生まれ変わる。すなわち輪廻する。
②．人は煩悩を断じ尽くして心の解脱を得て、二度と生まれ変わることがない境地、すな

わち輪廻からの「解脱」を得ることができる。

③. 仏陀が指導する教法によって、輪廻からの「解脱」を得ることができると、仏陀は説いている。

(三) 輪廻についての考察

(1) 当時のインドにおいては、王族・貴族や知識階級の学問・教養の教材といえば、ヴェーダがその中心であった。

極端に言えば、ヴェーダしかなかったと思われる。

仏陀釈尊は、出家する前は、ゴータマ・シッダッタという名前の釈迦族の王子であった。ゴータマ・シッダッタも王族・貴族の必須の教養として、王子時代にインド哲学であるヴェーダを中心とした学問を習い、並外れた才能を示したと伝えられている。

そのため、ゴータマ・シッダッタの知識や教養には、その基盤・基本としてヴェーダがあったと考えられる。

よって、ヴェーダの「輪廻」観をもとに、独自に解釈・理解した「輪廻」観を持って、輪廻からの解脱を目指したものと考えられる。

(2) ヴェーダでは、ブラフマン(梵)は宇宙の本源であり宇宙の根本原理であり聖なる知性であり、宇宙の全ての存在に浸透しているとされている。

すなわち、全ての存在とその活動の背後にある究極で不変の実存とされている。すべての存在を存在ならしめている実存であり、全ての活動を背後で支えている唯一の実存であるとされている。

勿論、全てのヒンズーの神々もブラフマンの現れであり、宇宙の全ての存在と同じくブラフマンから生まれたものとされている。

アートマン（真我）は人間各個人（自己）の中心であり、ブラフマンと同一（等価）であるとされている。（梵我一如）

(3)　ヒンズー教は、解脱する前はブラフマン（梵）とアートマン（真我）をあたかも別個として認識している。
気の遠くなるほど多くの生まれ変わりを経て、しかもそれぞれの世において信心と善行を行ない続けることで、ようやくブラフマン（梵）とアートマン（真我）が同一であると覚ることができ、輪廻から解脱することができるとされた。

悪行を一切行わずに、さらに善行を行ない続けるということは、普通の一般人からすれば、永久に解脱できないと言われているのに等しい。

私達は幼小児の頃は誰でも本能の赴くままに行動してきており、そのため誰でも何らかの悪行（いたずら）を行なってきている。

そして悪行を行なうたびに親や大人達から叱られ、その非を悟らされて初めて、その悪行を行なわなくなる。

大人になってからも、誰でも我（煩悩）のままに、何らかの悪行を行なっている。たとえ法律には触れなくても道義上は悪行である行為を、自分の我欲を達成する目的で、人には知られないように行なっているケースもある。

普通の一般人は解脱していないので、必ず我(煩悩)を持っている。そのため、悪行を一切行わないということは事実上不可能である。

ヒンズー教の「気の遠くなるほど多くの生まれ変わりを経て、しかもそれぞれの世において信心と善行を行ない続ける」という解脱の方法は、解脱する前はブラフマン(梵)とアートマン(真我)をあたかも別個として認識しているからだと思われても仕方がない。

仏教ではヴェーダでいうブラフマン(梵)とアートマン(真我)をまさに別個として認識し、輪廻において主体となる永遠不滅の我(アートマン)を否定している。

何故なら、永遠不滅(恒常)ならば輪廻から永久に解脱(解放)できないからである。

(4) ここで、別の角度から眺めてみると、「輪廻」とは次のようなものである。

①. ヴェーダでいうブラフマン(梵)は唯一の実在であり、キリスト教やユダヤ教などの一神教では神と呼ばれ、宗教とは一線を画している知識人からは「宇宙法則」とか「真理」とか「宇宙意識」とか「大生命」などと呼ばれている。

②. ヴェーダでいうブラフマン(梵)・唯一の実在を、ここでは「大生命」と言うことにする。
物質(色)は根本元素「空」によって成り立つが、それを成り立たせているものが「大生命」である。

全ての物質、生物、もちろん人間にも「大生命」が浸透しており、「大生命」が浸透しているからこそ全ての物質、生物、人間は存在することができる。

「大生命」は、宇宙の隅々まで浸透し、宇宙を構築している。

また、全ての運動・行為も背後にある「大生命」により支えられている。

③．ブラフマン(梵)とアートマン(真我)は同じものである。すなわち二つとも「大生命」のことを言っている。であるからこそ、梵我一如が可能なのである。
アートマン(真我)は、仏教が否定している「輪廻において主体となる永遠不滅の我」ではなく、仏教でいうところの「全ての人が仏陀になれる可能性を持っているという意味の仏性」「全ての人が等しく持っているという仏性」(一切衆生悉有仏性)のことを言っている。

同一のものを別個と認識してしまうのがそもそも間違いではあるが、人間には各自に備わっている感情や感覚や執着などの心の働きによって、別個と認識してしまうことはどうしても避けることが出来ない。

これが「無智」であり、輪廻の原因である。

ブラフマン(梵)とアートマン(真我)は同じものなのである。

ただ便宜上、人間におけるブラフマンをアートマンと言っているに過ぎない。あたかも、大海の表面のゆらぎ(小さな凹凸)を、便宜上、波と称しているのと同じである。波は大海の一部であり、大海そのものである。

④．大海と波の関係で説明すると、大海が「大生命」であり、波が人間である。波を発生させる風が、人間でいうと煩悩や業・行為の余力に相当する。
風がなくなると波もなくなり、静かな大海だけとなる。

波の一つ一つが人間の一人一人に相当し、波の生滅の繰り返しが人間の生死の繰り返し、すなわち輪廻に相当する。

一つ一つの波は大海としてつながっており、大海そのものである。同じように人間も、煩悩や業などにより他人とは別個の存在として認識してしまうが、実は同じ「大生命」により存在し、根源は「大生命」そのものである。

全ての人間は兄弟であり、根源においては「大生命」として同一人である。

⑤．すなわち、
人を愛することは、自分を愛することになる。

人を赦すことは、自分を赦すことになる。

人を憎むことは、自分を憎むことになる。

人を傷つけることは、自分を傷つけることになる。

だからこそ、仏陀は今も経典の中で慈悲を私達に呼びかけている。

そう言えば、同じようにイエス・キリストも聖書の中で私達に教えている。

「あなたの隣人をあなた自身のように愛しなさい」と、

それでは、「信根」と「信力」とは何か？
第一章で解説したように、
• 全ての人に平等に生まれながらに備わっている完全なる信を獲得できる能力(機根)が、「信根」である。
• 信根の信をどれくらい発揮できるのかという、現時点での信の能力が、「信力」である。

・そして、信を「信根」と「信力」とに分け隔てているものが、〝疑い〟も含めた「煩悩（我）」なのである。

この「信」が一個人にあらわれる際は、
・他人に対しては「信頼」
・自分自身においては「自信」
・宗教においては「信仰」
という形で、百人百様、信じる程度の大小多少に応じて、違った姿であらわれる。

（解説）宗教

宗教とは、一般的に、人間の力や自然の力を超えた存在を中心にする観念（考え）であり、さらに、その観念体系にもとづく教義、儀礼、施設、組織などを備えた社会集団のことも同じように言ったりする。

（二）「信」（信仰）について

解脱を目指す修行においての「信」が、一個人にあらわれる場合、宗教においては、前述したように「信仰」となる。

ここでは、「仏陀」と「仏陀が説かれた教法」の二つへの「信仰」がそうである。

仏陀が説かれた教法とは、解脱(輪廻を脱した境地、涅槃)へ導く教えと実践方法(仏陀の修行法)である。


それ以外の「信」(信仰)は、必ずしも解脱に導くものではない。

それどころか、それ以外の「信」(信仰)は、逆に解脱から離れてしまうものもある。

そういう解脱から離れてしまう「信」(信仰)には、次のようなものがある。

・**諸天の信仰**：諸天の信仰で、ご利益(ごりやく)を掲げて、信仰心を釣るもの。いわゆる、ご利益信仰のことである。
ただし、諸天の信仰(ご利益信仰)を全面的に否定するのではない。

これまで信仰に縁がなかった人々に、縁を付けさせるという意味では、布教の一環としては多いに価値がある。

しかし、これだけにとどまるのではなく、自利・利他の信仰へと進み、さらに解脱への信仰へと進んでいかなくてはならない。

・**自利の信仰**：自分の利益と自分の幸福(欲望)を、何よりも優先する信仰。
例えば、自分の利益だけを目的にするパワースポット巡り。
自分の利益だけを目的にする占断や占術(人相占い、手相占い、姓名判断、血液型占い、星占いなど)
ただし、パワースポット巡りや占断や占術を全面的に否定するのではない。

これらは、個人の利益と幸福(欲望)の手助けになるという意味では、それだけで多いに価値がある。

しかしこれも同じく、それだけにとどまるのではなく、自利・利他の信仰へと進み、さらに解脱への信仰へと進んでいかなくてはならない。

・魔の信仰：

自利の信仰と同じように、自分の利益や幸福(欲望)を優先する。

そのうえで、さらに他人の幸福や利益は全く考えないばかりか、他人を蹴落としてでも、他人を犠牲にしてでも、自分の幸福や利益を得ようとする考えや教えを言う。

もう一つは、怨みや憎しみを晴らすための復讐を目的とする考えや教えも同じくそうである。

これを実践することで、一時的には自分の利益や幸福(欲望)を満たすことが出来たとしても、そのうちに自分はもちろんのこと周囲の人達にも、大きな災厄(不利益と苦しみと不幸)をもたらすことになる。

ここで、注意しなければならないことがある。

それは、自分は正しいことを行なっていると妄信して、実は魔(悪魔)の所業(行為)をすることである。

特に多いのは、「相手が自分に嫌なことをした」と思い込み、自分に許された正当な行為であると考えて、怨みや憎しみを晴らす行為(よくあるのが、嫌がらせ、非難、陰口など)をすることである。

これも、一種の「魔の信仰」であると言っても差し支えない。

何も魔(悪魔)や邪神を崇拝して信仰することだけが、「魔の信仰」とは限らないのである。

(三) 信の五根五力法

先に、「信根」とは、全ての人に平等に備わっている完全なる信を獲得できる能力(機根)であると説明したが、別の言葉で言うと「不動の信頼・自信・信仰」のことである。

同じように、「信力」とは、信という自分の心(意識)が、「不動の信頼・自信・信仰」にどれだけ近づいているのかという現時点での自分の「信の強さ」のことである。

当然のことながら、むやみやたらに誰でも何でもどんな宗教でも信じていいはずはない。

ここでいう信とは、「仏陀」と「仏陀が説かれた教法」に対する「信仰」(信心)と〝自分自身〟への「信」すなわち「自信」のことである。

すなわち、「信根」とは、「仏陀」と「仏陀が説かれた教法」に対する「不動の信心」と「自分自身」への「不動の信」すなわち「不動の自信」のことである。

「不動の信心」と「不動の自信」を「不動心」とも言う。

以上のことから、

信の五根五力法とは、「不動の信心」と「不動の自信」を身につけることであり、それら「不動心」の獲得法のことである。

言葉を換えると、信の五根五力法とは、

「仏陀を敬い仏陀が説かれた教法を実践していくならば、必ず解脱に至ることができ、しかもそれを自分は必ず成し遂げることができる。」

と確信できるようになる方法のことである。

(三―一)「不動心」の獲得法

「不動心」を獲得する四つの方法

煩悩(我)が強くて多い人ほど、「不動心」を身につけることは難しい。

そのため、「不動心」を身につけるには、煩悩(我)の解消・消滅に努める必要がある。

煩悩(我)を解消・消滅するためには、仏陀が説かれた教法を倦(う)まず弛(たゆ)まず実践していく必要がある。

ところが、仏陀の教法を倦まず弛まず実践していくためには、「不動心」が必要となる。

何と、まるで〝三(さん)すくみ〟のような状態なのである。

そこで、この状態を打破して、「不動心」を自分自身に叩き込んでいく。

（方法1） 自己暗示により、「不動心」を自分自身に叩き込む。

（手順1） 就寝前に、次の言葉を自分に言い聞かすように力強く口に出す。声は小さくても構わない。

「私は、信念が強くなった。不動心に近づいている。」

「仏陀を敬い、仏陀の教法を実践していくと必ず解脱に至ることができる。」

（手順2） 起床直後に、次の言葉を自分に言い聞かすように力強く口に出す。声は小さくても構わない。

「私は、信念が強い。不動心である。」

「仏陀を敬い、仏陀の教法を実践しているので、解脱に近づいている。」

（手順3） それ以外は、休憩時間とか手が空いた時とか思い出した時に、一日に出来るだけ多く次の言葉を強く口に出す。声は小さくても構わない。

「私は、信念が強い。不動心である。」

「仏陀を敬い、仏陀の教法を実践しているので、解脱に近づいている。」

（解　説）

「不動心」を自分自身に叩き込むという意味は、「不動心」を常に意識している状態であることをいう。日常生活を営む上で、常に意識して思ったり行なったりすることはまず不可能である。

そこで、次善の策として、(手順1)〜(手順3)を熱心に実践するのである。

(手順1)と(手順2)は、リラックス状態である就寝前と起床直後に行なうので、潜在意識に刻印され易い。

(手順3)は時間を置いて行なうことで、潜在意識への刻印を確かなものにする。

そして何よりも(手順1)〜(手順3)を熱心に実践することで、常に意識している状態になっているのである。

その訳は、誰でも人の名前とか場所の名前とかを度忘れした経験があるかと思う。そういう時には、懸命に思い出そうとしてもなかなか思い出せないことがある。

ところが、時間が経って、別の何かをしている最中にふと思い出すことがある。

それは、一度でも心の底から強く思い出そうとすると、自分(表層意識)はほかの事をしていても、もう一人の自分(潜在意識)は継続して思い出そうと努めていたためである。

そのために、(手順1)〜(手順3)を熱心に実践することで、自分(表層意識)ともう一人の自分(潜在意識)によって、常に意識している状態になっているのである。

そして、力強く自分に言い聞かすように口に出すことが、重要なポイントである。自分の耳に力強く聞こえることで、心(意識)に倍加して刻印されるからである。

尚、「不動心」に近づくと、それさえ意識しなくなる。すなわち、不要になる。


(方法2)　四正勤法の実践により、「不動心」を自分自身に叩き込む。

四正勤法については第三章でも触れるが、詳しくは筆者の「四正勤法」を参照されたい。

（方法３）　四念処法の実践により、「不動心」を自分自身に叩き込む。

四念処法については第四章でも触れるが、詳しくは筆者の著書「四正勤法」の中で解説しているので参照されたい。

（方法４）　大生命（神、仏陀）にまかせきる。

気（のエネルギー）を用いた方法があるが、それには「気を感知し、気を操作する」ことが必要不可欠となる。

ここでは、紙数の都合上、「気を感知し、気を操作する」方法の説明は省略する。

そこで、（方法１）で解説した自己暗示により、

〝「大生命（神、仏陀）にまかせきる」を習慣になるまで口ずさむこと〟をお勧めする。

尚、「気を感知し、気を操作する」詳しい方法は、詳しくは筆者の著書「四神足瞑想法」を参照されたい。

繰り返しになるが、

「大生命（神、仏陀）にまかせきる」は、すなわち「法灯明」を実践することである。

「法灯明」を実践する方法を、ここで再度述べたい。

ることでもある。

「法灯明」の実践とは、煩悩(我)の思い(想念)を極力抑えて、仕事や学問など今やるべき事に集中す

しかし、解脱していない限りは、心の奥底(潜在意識)から記憶や雑念などの煩悩(我)の思い(想念)が次から次へと湧き出てくる。

それを、いかにして対処し、「法灯明」の実践を全うしていくのか、その方法は簡潔に前述しているが、再度詳しく以下に示す。

1. 自分の心(感情)の状態を常に意識することで、煩悩(我)の思い(想念)に素早く気付く。特に、相手の言動に瞬間的に反応することで生じる〝怒りと憎しみ〟には注意すること。
(例えば、突然に失礼な言動を受けた場合の、瞬間的な怒りなど。)

その方法が、仏陀の修行法の「四念処法」である。
勿論、マインドフルネス瞑想やヴィパッサナー瞑想も同じくそうである。
その他にも、多くの教団や宗派で実践され推奨されている〝下座の行〟も効果がある。

2. 次に、煩悩(我)の思い(想念)を、愛と慈悲と赦しの思い(想念)に転換することを常日頃から念頭に置く(心に刻んでおく)。
(例えば、怒りや憎しみに気付いたら、その思いを払って、赦しと慈悲の思いに変える。)

身近な事例として、
　突然、嫌な事や悪口などの失礼な言動を受けた場合(こういう言動を発するのは多くは人間性に問題がある人物だが)、反射的に怒りがこみ上げることがある。
　そういう時の対処法として、相手に対する怒りの感情を、憐憫の感情に転換して、さらに相手を赦して、相手の成長を祈るように、常日頃から心がける。

実は、この方法も、仏陀の修行法「四念処法」の一つである。

我々一般人には、相手に対する怒りの最中に、相手を赦して相手の成長を祈ることは到底できないだろうと思う。

それこそ極めて〝人間ができている人物〟とか名僧じゃないと、まず無理であろう。

相手を赦そうと思ったとしても、すぐに怒りの感情がよみがえってくる。

そして、相手に対する怒りに囚われてしまう。

その対処法として、まずは相手を憐れむこと(憐憫)を優先するのである。
〝上から目線〟であると誤解されるかもしれないが、決してそうではない。
「彼は(相手は)、残念ながら、人間性が低い！」とか、
「彼は(相手は)、残念だけれども、自己中心的な性格である！」とか、
相手を憐れむことに、まずは気持(感情)を転換するのである。
そうすることで、怒りの感情が和らいでくるし、心(意識)に余裕が生じてくる。

心（意識）に余裕ができると、相手を赦すことも可能になるし、相手の成長を祈ることも可能になる。

ここで、最も注意しなければならないことがある。

それは、〝憐憫〟と〝侮蔑〟を混同しないことである。

相手を憐れむことと、相手を侮蔑する（馬鹿にする、見下す）ことを混同しないことである。

相手を侮蔑する（馬鹿にする、見下す）ことは、その場で口には出さずに心で思っただけだとしても、それを繰り返すうちに、必ず言動（悪口、侮辱）を伴うようになる。

悪口や侮辱は不善（悪徳）行為であり、因果律（因縁果報）によって、自分自身が将来必ず相応の報いを受けることになる。

煩悩（我）が強くて多い私達は、悪口を言われたり、侮辱されたりすると、それを根に持ち（いつまでも忘れずに）、いつかは何かの折に、仕返し（復讐）しようと思うものである。

そうして、〝復讐の応酬〟という不善（悪徳）行為の連鎖が、果てしなく続くことになる。

そのため、侮蔑は、心の中だけで思うことさえも不善（悪徳）行為とされている。

それを防ぐためにも、習慣になるまで、〝相手を赦し、相手の成長を祈る〟ことを、常日頃から心がけることである。

そうすることで、いつの間にか〝憐憫〟と〝侮蔑〟を混同しないようになる。

第三章　精進根と精進力と精進の五根五力法

第三章　精進根と精進力と精進の五根五力法

（一）　精進根（しょうじんこん）と精進力（しょうじんりき）

解脱を達成（成就）するためには、言うまでもなく達成（成就）するまで修行を続けることが必要不可欠である。

途中でスランプ（修行の成果不振）に陥ったとしても、解脱の達成（成就）という目的をあきらめることなく、修行を続けることが必要不可欠である。すなわち、解脱に向けての修行に「精進」することが必要不可欠である。

これも信と同じく、修行だけに限ることではなく、仕事やスポーツや趣味でもそうである。何かを成し遂げるためには、「精進」することが必要不可欠な条件なのである。

ここで、あらためて「精進」の意味を確認したい。

「精進」の「精」は、一つのことに集中して、ひたすら努力することを意味している。実践し続けることを意味している。

「精進」の「進」は、前に進むこと、上の段階に進むことを意味している。以上のことから、「精進」は、一つの目標・目的に集中して、ひたすら努力し、目標・目的に向かって前に進むこと、目標・目的に近づくことを意味している。

以上の説明で「精進」の必要性や意味は理解できたとしても、はたして、実際に精進できるかどうかは全く別問題である。

私達は、一時的に実行しようという意欲はあったとしても、さらに実行を開始したとしても、そのまま実行(実践)し続けることができるとは限らない。

実行し続けることができるためには、その前提として必要な条件(前提条件)がある。

前提条件は何かというと、いくつか考えられるが、ここでは以下の3点を挙げたい。

①　規則正しい生活：起床、就寝、行動(仕事)、食事、休憩、趣味・娯楽など
②　正しい行為：正しい言葉使い、正しい行動(法律的にも、倫理的にも)
③　正しい思い・考え：物事の正しい認識、正しい思惟(思考、考え)

これらの3点が整っていないと、「精進」することは難しいのである。
一時的には実践(実行)できたとしても、実践し続けることは難しい。

①〜③を一つずつ見ていきたい。

• ①の規則正しい生活だが、
これが出来ていないと、実践すら覚束ないだろう。

例えば、起床時間や就寝時間がある程度一定していないと、仕事でもスポーツでも何でもそうであるが、決まった時間に常に開始することは相当難しくなるだろう。

就寝時間がバラバラで、就寝時間がひどく遅い場合には、睡眠不足になるだろう。睡眠不足でも、二日三日は我慢することは出来るだろうが、何日も続けることは難しい。それ以前に、睡眠不足だと仕事でもスポーツでも期待する効果を得ることは望めない。

食事にしても同じで、食事の時間が定まっていないと仕事やスポーツの時間も定まらない。仕事やスポーツの時間に間に合うように、食事を前後にずらしたり、食事を途中でやめたり、食事を抜いたりすると、仕事やスポーツの途中で空腹になって体力が続かないし、こういう事が長く続くと、遂には健康を害してしまう。

趣味・娯楽がゲームなどの場合は、熱中しすぎてゲームを長時間行なってしまうと、仕事やスポーツなどの実践する時間が不足してしまう事態が生じる。

また、趣味・娯楽が賭け事や酒色などの場合は、仕事やスポーツなどの実践意欲が次第に失われていく。

- ②の正しい行為(正しい言葉使いや行動)だが、これがまともに出来ていないと、何かを実践することは難しい。

たとえ実践を試みたとしても、周囲の人達(関係者)とトラブルを起こし易く、そのうち中断や中止の事態に陥りかねない。

- ③の正しい思い・考えだが、これも同じく出来ていないと、何かを実践することは難しいと思う。

たとえ実践を試みたとしても、目的や意義に対して疑問が生じたり、実践の効果に疑問や不満が生じるなどして、そのうち中断や中止になる可能性が高い。

これらの3点がある程度整っていないと、短期間の実践でさえ難しいと思われる。ましてや「精進」するためには、これらの3点がきちんと整っていないと無理である。

それでは、「精進根」と「精進力」とは何か？

それは第一章でも述べたように、

- 全ての人に平等に生まれながらに備わっている完全なる精進を獲得できる能力(機根)が、「精進根」である。
- 精進根の精進をどれくらい発揮できるのかという、現時点での精進の能力が、「精進力」である。
- そして、精進を「精進根」と「精進力」とに分け隔てているものが、「煩悩(我)」なのである。

次に、精進根と精進力と煩悩(我)の関係を、具体的に説明したい。

例えば、4人の人物が同じ目標を持って何かを実践していたとしても、それを達成できるかどうかは、各人の「精進力」によって四者四様の結果となる。

これは、物語風に書いているが、何も想像して書いたのではなく、筆者の知人や友人の中から適合する例を選んで物語風に書いたものである。

尚、各人の才能や性格はそれぞれ異なっており、目標もそれぞれ異なっている。

・Aさんは、
①怠けグセ(怠惰心)は少ない。
②目標に向かって専念できる環境(経済的、時間的)にも恵まれている。
③賭け事や酒食の誘惑には負けない性格であり、人間関係でも賭け事や酒食に溺れるような友人・知人はいない。
その結果、早く目標(資格取得とか個人的な目標など)を達成することが出来た。

・Bさんは、
①怠けグセ(怠惰心)は少ない。
②しかし、目標に向かって専念できる環境(経済的、時間的)には恵まれていない。
③賭け事や酒食の誘惑には負けない性格であり、人間関係でも賭け事や酒食に溺れるような友人・知人はいない。
目標に向かって専念できる環境には恵まれていなかったけれども、それでも色々と工夫して努力した結果、時間がかかったけれども目標を達成することが出来た。

・Cさんは、
①怠けグセ(怠惰心)は少ない。
②目標に向かって専念できる環境(経済的、時間的)にも恵まれている。
③しかし、Cさん自身が賭け事や酒食の誘惑に弱い性格であり、しかも人間関係でも賭け事や酒食に溺れるような友人・知人が多い。
本人は怠けグセ(怠惰心)は少なく、専念できる環境に恵まれていたけれども、本人自身が賭

け事や酒食の誘惑に弱い性格であり、周囲(友人・知人)はさらに酒食に溺れるような性格の人が多く、Cさんは彼らの誘惑を断り切れずに酒食に溺れて努力を怠ってしまった結果、目標を達成することが出来なかった。

・Dさんは、
①.怠けグセ(怠惰心)が多い。
②.目標に向かって専念できる環境(経済的、時間的)には恵まれている。
③.本人自身は賭け事や酒食の誘惑には弱いが、人間関係では目標に向かって努力している友人・知人に恵まれている。
本人は怠けグセ(怠惰心)が多いけれども、環境や周囲の人(友人・知人)に恵まれて、Dさんは彼らの協力や激励を受けてどうにか努力を中断しなかった結果、非常に多くの時間を要したけれども、目標を達成することが出来た。

このAさん、Bさん、Cさん、Dさんの事例より、次のことが分かる。

(1).Aさんは、怠惰の煩悩(我)は少ないので、能力的に努力することができる。
環境(経済的、時間的)にも恵まれており、十分に実践できる条件を備えている。

賭け事や酒食に興じるような友人・知人はいないので、それらに誘惑(邪魔)されることはない。

その結果、早く目標を達成することが出来た。

Aさんは、４人のなかでは、「精進力」が最も高いと言える。

⑵ Bさんも、怠惰の煩悩(我)は少ないので、能力的に努力することができる。しかし、環境(経済的、時間的)には恵まれていないので、十分に実践できる条件ではない。賭け事や酒食に興じるような友人・知人はいないので、それらに誘惑(邪魔)されることはない。十分に実践できる環境には恵まれていなかったけれども、それでも目標に向かって努力した結果、時間がかかったけれども目標を達成することが出来た。
Bさんは、環境という条件(運命)には恵まれていない分、Aさんよりは劣るものの、4人のなかではAさんに次いで「精進力」が高いと言える。

⑶ Cさんも、怠惰の煩悩(我)は少ないので、能力的に努力することができる。環境(経済的、時間的)にも恵まれており、十分に実践できる条件を備えている。しかし、本人自身が賭け事や酒食の誘惑に弱い性格であり、周囲(友人・知人)はさらに酒食に溺れるような性格の人が多く、Cさんは彼らの誘惑を断り切れずに酒食に溺れて努力を怠ってしまった。

その結果、目標を達成することが出来なかった。

Cさんは、怠惰の煩悩(我)は少なく、環境という条件(運命)にも恵まれていたが、残念ながら、本人の賭け事や酒食の誘惑に弱い性格と、人間関係(友人・知人)という運(運命)には恵まれてなく、そのために目標を達成することが出来なかった。

4人のなかでは、「精進力」が最も低いと言える。

⑷ Dさんは、怠惰の煩悩(我)は多いので、努力することが苦手である。

しかし、環境(経済的、時間的)は、実践できる条件を備えている。

Dさんは怠けグセはあったものの、人間関係(友人・知人)に恵まれており、彼らの協力や激励を受けて、怠けることなく何とか中断しないで努力(実践)を続けることができた。その結果、非常に多くの時間を要したけれども目標を達成することが出来た。

このように、Dさんは怠惰の煩悩(我)が多いので努力することは苦手だったが、環境(経済的、時間的)や人間関係(友人・知人)などの運(運命)には恵まれており、4人のなかでは3番目の「精進力」であると言える。

(5)．以上より、「精進力」には、煩悩(我)以外に運(運命)という要素も関わっている。

実は、運(運命)は前世の行為(業)により形成されたものであり、その前世の行為(業)自体が煩悩(我)の影響を大きく受けている。

そういう意味で、「精進力」には煩悩(我)が大きく関わっているのである。

(注意事項1)　人的環境(友人・知人)について

努力の妨げとなる賭け事や酒色に誘惑しようとする友人・知人が多い場合には、次の2つの点に注意しなければならない。

1．賭け事や酒色に誘惑しようとする友人・知人が多い場合、実は当の本人もそれらに多いに興味があり、その誘惑に弱い場合が多い。

そのため、そういう場合には、〝自分には賭け事や酒色で身を持ち崩し易い性癖(傾向)もしくは運(運命)がある〟ことを強く自覚して、そうならないように常日頃から十分注意して行動しないといけない。

2. そうだからと言って、そういう友人・知人を全面的に避けたり、拒否したりする必要はない。賭け事や酒色に誘われた場合は断固拒否しないといけないが、それ以外は普段通りに接した方がいい。

全面的に避けたり拒否したりすると、彼らとの間に波風が立ってしまう。何故なら、偶然にそういう友人・知人と縁ができたように思われるかもしれないが、そうではないからである。少なくとも半分は自分がそういう縁を選択し、残り半分は相手が選択してきた結果だと思わなければならない。この世(現実世界)には、偶然に出会う人はいない。

自分にとって、何らかの経験を積ませるように、過去(今生も前世も含めて)の自分の行為(業)によって、因果律(因縁果報)に従って出会うのである。

人間は勿論、海や山や川、動物や植物や鉱物など、この世にあるものは全て、因果律(因縁果報)により存在している。

そして同様に、この世の出来事も全て、因果律によって展開していくのである。全て原因があって、それに条件(縁)が加わって、結果となってあらわれる。

現れた結果が、さらに次の原因となって(報となって)展開していく。そのため、そういう友人・知人と縁ができたのは、自分にも大きな原因がある。

その原因はこの世(現世)で作ったとは限らず、前世において作ったのかもしれないが、とにかく少なくとも半分は自分に原因があって、彼らと縁ができたのである。

賭け事や酒色の誘いだけは断固拒否することで、次第に円満に彼らとの〝悪い縁〟だけが解消していく。時間がかかるかもしれないが、〝悪い縁〟が解消していくと、逆に彼らは協力や援助をしてくれる〝良い縁〟の存在になってくれるはずである。

（注意事項2）　経済的環境について

経済的環境に恵まれていない場合、人生の岐路(人生の重要な場面)において、自分の希望している道を否応なしに諦めなければならない事態が起こり易い。例えば学生においては、進学時がそうであろう。高校や大学の進学を、諦めなければならない場合があるかもしれない。

そんな場合でも、自暴自棄にならないで、今目の前にある自分のやるべき事をしっかりとやることが大切である。

そうすると、将来において(年齢は重ねているが)、高校・大学の進学の意欲や希望さえ失わなければ、その機会が必ず訪れるようになる。

筆者が住んでいた学生寮に、弟や妹が高校に進学できるようにと数年間働いて、家に仕送りしながら貯金して、普通よりも数年遅れてから入学した人がいた。彼は働いていた期間に世間の荒波も経験したのであろうか、非常に人情に厚い好青年であった。

そのためであろうか、彼は誰からも好感を持たれていた。

（二）　精進の五根五力法

先に、「精進」は、一つの目標・目的に向かって努力し、前に進むこと、上の段階に進むことであると説明した。

そして、「精進根」とは、全ての人に平等に備わっている完全なる精進を獲得できる能力（機根）のことであると説明した。

さらに、「精進力」とは、精進根の精進をどれくらい発揮できるのかという、各人の現時点での精進の能力のことであると説明した。

しかも「精進力」には、煩悩（我）が大きく関わっていると説明した。

それでは「精進の五根五力法」は何かというと、各人の精進力（現時点での能力）を、精進根そのものの能力まで発揮できるようにする修行法のことをいう。

もう少し丁寧に説明すると、

- 「精進の五根五力法」とは、目的・目標に向けて努力して、それに近づくことが出来るようになる修行法である。
- 「精進の五根五力法」とは、やるべき事を怠けたいという思い（煩悩）が湧き起った場合、その思い（煩悩）に負けて実際に怠けることがないように、誘惑の思い（煩悩）に即座に気づいて、その思い（煩悩）を即座に打ち消し、努力を続ける（精進する）ことが出来るようになる修行法である。

- 言葉を換えると、「精進の五根五力法」とは、怠惰の煩悩(我)に打ち勝ち、怠惰の煩悩(我)を解消する修行法でもある。
- 「精進の五根五力法」とは、努力を中断するような遊興などの誘惑をする周囲の人(友人・知人)がいる場合は、彼らの影響(誘惑)を受けないようにする修行法である。
また、協力や援助をしてくれる人達を友人・知人にする修行法でもある。
- 「精進の五根五力法」とは、たとえ環境(経済的、時間的)に恵まれず、十分な努力ができない場合でも、次第に環境(経済的、時間的)が改善し整っていく修行法である。

具体的には、「精進の五根五力法」とは、「煩悩に気づき、解消する」修行法のことである。仏陀の修行法でいうと、「四念処」のことである。

そしてもう一つ、「精進の五根五力法」とは「戒」行のことでもある。仏陀の修行法でいうと、「四正勤」のことである。

「四念処」と「四正勤」については、筆者の著書「運命を変える四正勤法」において詳しく解説しているので参照されたい。

(解説)　戒とは何か?

戒は、在家・出家を問わず仏教徒が守るべき行動規範であり、戒・定・慧という仏教の三学の一つでもある。

そして、その多くは仏教徒に限らず人間誰でも守るべき行動規範である。

その内容は、「積徳・積善に勤め、悪行・不善は行なわない」ということである。

戒は、犯した場合でも処罰の規定を伴わない。

しかし、その中には現在の法律に違反し処罰の規定を伴なっているものもある。

スポーツや学問を始めとして何かを習得し向上・改善するためには、自発的に努力する時間が多ければ多いほど大きな効果が得られる。

ところが戒はそれとは異なり、自発的な努力を常に続けるのである。

ここに、戒特有の大きな特徴がある。

ただし、実践(修行)が進むと、しだいに習慣となり、自然な行動としてできるようになる。


お釈迦様と直弟子達の原始仏教の流れをくむ部派仏教では、在家・出家の違いと男女の違いに応じて、五戒・八戒(八斎戒)・十戒・具足戒がある。

大乗仏教では、その４つを全て声聞戒と呼び、それとは別に菩薩戒(大乗戒)がある。


「五戒」


仏教の在家信徒(優婆塞・優婆夷)は、以下の五戒が課される。

優婆塞(うばそく)は男性の在家信者で、優婆夷(うばい)は女性の在家信者のことである。

不殺生戒(ふせっしょうかい) ― 殺生をしない
不偸盗戒(ふちゅうとうかい) ― 盗みをしない
不邪婬戒(ふじゃいんかい) ― 不倫などの道徳に反する性行為をしない

不妄語戒（ふもうごかい）― 嘘をつかない
不飲酒戒（ふおんじゅかい）― 酒を飲まない

「八戒（八斎戒）」

また、毎月の六斎日には、五戒に代えて、八斎戒（はっさいかい）が課される。
六斎日（ろくさいにち）は、1か月の内、8日・14日・15日・23日・29日・30日の6日。

不殺生戒（ふせっしょうかい）― 殺生をしない
不偸盗戒（ふちゅうとうかい）― 盗みをしない
不淫戒（ふいんかい）― 性行為をしない
不妄語戒（ふもうごかい）― 嘘をつかない
不飲酒戒（ふおんじゅかい）― 酒を飲まない
不得過日中食戒（ふとくかじつちゅうじきかい）― 正午以降は食事をしない
不得歌舞作楽塗身香油戒 ― 歌舞音曲を見たり聞いたりせず、装飾品、化粧・香水など身を飾るものを使用しない。
不得坐高広大床戒 ― 贅沢な寝具や座具でくつろがない

「十戒」

出家をして仏教の僧侶（沙弥・沙弥尼）になると、以下の十戒が課される。

不殺生戒(ふせっしょうかい)―殺生をしない
不偸盗戒(ふちゅうとうかい)―盗みをしない
不淫戒(ふいんかい)―性行為をしない
不妄語戒(ふもうごかい)―嘘をつかない
不飲酒戒(ふおんじゅかい)―酒を飲まない
不塗飾香鬘戒(ふずじきこうまんかい)―身体を飾らない
不歌舞観聴戒(ふかぶかんちょうかい)―歌舞を観聴きしない
不得坐高広大床戒―贅沢な寝具や座具でくつろがない
不非時食戒(ふひじじきかい)―午後から翌朝日の出まで、食事をしない
不蓄金銀宝戒(ふちくこんごんほうかい)―蓄財をしない

その他にも、真言宗を始めいくつかの仏教系の宗教団体では、十善戒(じゅうぜんかい)が重んじられている。

十善戒も、仏教における十悪(十不善業道)を否定形にして戒律としたものであり、四国遍路の大衆化により宗派を問わず普及してきている。

内容は、三業(身口意)にそれぞれで対応するようになっている。

身業

不殺生戒(ふせっしょうかい)―殺生をしない
不偸盗戒(ふちゅうとうかい)―盗みをしない

不邪婬戒（ふじゃいんかい）―不倫などの道徳に反する性行為をしない

口業

不妄語戒（ふもうごかい）―嘘をつかない
不綺語戒（ふきごかい）―中身の無い言葉を話さない
不悪口戒（ふあっくかい）―乱暴な言葉を使わない
不両舌戒（ふりょうぜつかい）―他人を仲違いさせるようなことを言わない

意業

不慳貪戒（ふけんどんかい）―激しい欲をいだかない
不瞋恚戒（ふしんにかい）―激しい怒りをいだかない。
不邪見戒（ふじゃけんかい）―（因果の道理を無視した）誤った見解を持たない

本題に戻りたい。

精進の五根五力法として、「四念処」と「四正勤」以外に、次の瞑想（観想）法を紹介したい。

（二―一）「日々是好日」の瞑想法

「日々是好日」は、禅語の一つである。

読み方は「にちにちこれこうにち」と読むのが禅語としては正しいとされるが、一般的には「ひびこれこうじつ」と読まれることの方が多いかと思う。

中国の唐の末期から五代にかけて活躍した禅僧雲門文偃(うんもんぶんえん)(864~949年)の言葉とされ、『雲門広録』巻中を出典とするが、一般的には『碧巌録』第六則に収められている公案として知られている。

それは、

「挙。雲門垂語云。十五日已前不問汝、十五日已後道将一句来。自代云。日日是好日。」

「かつて雲門文偃は、『過ぎ去った15日以前のことはお前達には問わないが、これからの日々をどのように生活するのかをお前達に問うてみたい。一言で返答せよ。』と、弟子(修行者)達に問い質(ただ)した。

しかし、弟子の誰一人として、雲門文偃が納得できるような返答をすることができなかった。そのために、雲門文偃は思い余って、

『日日是好日』と自分(雲門)に返答したというが、『日日是好日』とはどういう意味か。」という公案である。

(解　説)

① 15日というのは、7月15日のことである。

お釈迦様ご在世の原始仏教においては、雨季の4月16日から7月15日までの90日間は外出せずに、お釈迦様も含めて修行者全員が同じ地域の住居群に寝泊りして、全員で瞑想を中心とし

た厳しい修行を集中的に行なっていた。

これを、安居(あんご)もしくは夏安居(げあんご)という。

この修行の習慣は、中国の大乗仏教の各宗派にも形を変えて伝えられている。実施期間は、現在では1日から10日程度が多く、各宗派で異なるという。雲門文偃が行なった期間は不明である。

②

雲門文偃は、夏安居の終了時に、すなわち7月15日に修行者全員に訓示したのである。当然のことながら、夏安居の開始時にも訓示したのであろう。

開始時の訓示においては、「この夏安居で、悟りに少しでも近づくように、しっかりと修行に励んでもらいたい。」といった内容だったと思われる。

そして、夏安居の終了時にも訓示したのである。

その際の訓示が、『過ぎ去った今日(15日)以前のことはお前達には問わないが、明日から(これから)の日々をどのように生活するのかをお前達に問うてみたい。一言で返答せよ。』なのである。

その返答によって、弟子達の修行の成果(どれくらい悟りに近づいたか)を見極めようとしたのである。雲門文偃は、弟子達の修行の成果に期待していたのである。

ところが、弟子の誰一人として、雲門が期待していた成果を挙げていなかった。そのために、雲門文偃は落胆して、『日日是好日』と自分(雲門)に返答するかのように呟(つぶや)いたのである。

③ 雲門文偃の弟子達の中には、「無」とか「空」とか「喝(かつ)」と一言で返答した者が何人かはいたかもしれない。
しかし、修行が進んでいない(悟りを開いていない)禅僧が、「無」とか「空」とか「喝」と返答したところで、意味がないのである。

(相手を納得させることはできないのである。)


話を元に戻す。

修行が進んだ(悟りを開いた)禅僧ならば、「無」とか「空」とか「喝(かつ)」と一言で言えば、雲門文偃のような名僧に対しては事足りるかもしれないが、我々のような一般人には、その前に具体的な「日日是好日」の解説が必要である。

そこで、具体的に解説したい。


「日日是好日」を字句の通りに解釈すると、
①「毎日毎日が充実した素晴らしい日である。」という意味である。
そこから発展して解釈すると、
②「毎日が良い日となるように努めるべきだ。」という意味になる。
さらに発展して解釈すると、
③「そもそも日々について良し悪しを考え一喜一憂することが誤りであり、

あるがままを良しとして受け入れることが大切である。」という意味になる。

それをさらに発展して解釈すると、

④「そもそも日々について良し悪しを考え一喜一憂することが誤りであり、良いことも悪いことも取り巻く現実を徹底して見据えた上で、今ここに実際に生きていることへの感謝を知ることである。そうすれば毎日が好日である。」という意味になる。

それをさらにもっと発展して解釈すると、

⑤「そもそも日々について良し悪しを考え一喜一憂することが誤りであり、良いことも悪いことも取り巻く現実を徹底して見据えた上で、今ここに実際に生きていることへの幸せを自覚して、そのことに感謝することである。

それが自然に出来るようになると、今この瞬間がいかに大切であるかが心底から分かるようになり、心は泰然となる。ありふれた日常が幸せであり、いかに大切であるかが分かってくる。

すると、常に今この瞬間が大切であると考えて、目の前のやるべきことに集中して取り組むことが出来るようになる。そうなると、毎日が好日である。」という意味になる。

⑤は、「精進」の意味合いも含めて、それを取り入れて解釈している。

そこで、「精進の五根五力法」として、

⑤の解釈に基づいた〝「日々是好日」の瞑想法〟を次に示す。

（手順1）　現状を把握しての感謝行

自分の現状（自分の健康状態や能力や立場など）や環境（人間関係、仕事、家庭や会社や学校等の所属する組織の状況、社会状況など）をよく観察して、どんな小さなことでもいいので、良い事や幸せな事を探し出して感謝する。

（祈りの言葉）

・協力的な人達に囲まれて、私は幸せです。ありがとうございます。
・よい環境（学校、職場、家庭）に囲まれて幸せです。ありがとうございます。

日々是好日で幸せです。ありがとうございます。

自分を必要としてくれる人や、頼りにしてくれる人がいるということは、実は非常に幸福であり幸運なのである。

年老いてきたり、病気になってしまったならば、それらは次第に失われていく。ひどい場合には、邪魔扱いされることがあるかもしれない。そういうことも、一応念頭に置くことが大切である。

（手順2）　目の前のやるべき事への感謝行

今目の前のやるべき事に対して、それが存在すること自体に感謝する。やるべき事が存在することは、自分が必要とされているのだと前向き（ポジティブ）に受け取って、それに感謝する。

今目の前のやるべき事とは、例えば、

・学生にとっては、勉強であろう。
・就業者にとっては、仕事であろう。
・病人やケガ人にとっては、病気やケガの治療に専念することであろう。

（祈りの言葉）　やるべき事に囲まれて、私は幸せです。ありがとうございます。

日々是好日で幸せです。ありがとうございます。

学校で学んだり、仕事をするなど、自分に「やるべき事」があり、それが結果的に自分や関係者に利益や幸せをもたらすものであることは、実は非常に幸せ（幸福）であり幸運なのである。

例を挙げると、

世の中を見渡すと、学ぶための学校さえない地域や、学校はあっても生活するために（家庭の都合で）学校に行くことが出来ない子供達は少なくない。

また、ほかの理由（健康上の理由、戦争や国内紛争など）で学校で学びたくても、学校に行くことが出来ない子供達も少なくない。

さらに、

働きたくても就職できない人や今まで勤めていた職場が倒産したり、仕事自体が減ったり、急病やケガなどで、働きたくても働けない場合が生じることは、世間を見渡すと決して少なくはない。

しかし、そんな厳しい環境や状況であっても、それを乗り越えるための新たな「やるべき事」はあるはずだ。

繰り返しになるが、自分にやるべき事があるということは、実は非常に幸せ（幸福）であり幸運なのである。

そのことを、常に念頭に置くことが大切である。

（手順3）　実践する自分への感謝行

自分自身に感謝する。

やるべき事を積極的に行なうと決心して、実際に実践する自分自身に感謝する。


（祈りの言葉）　やるべき事を積極的に行なうことが出来て、私は幸せです。

日々是好日で幸せです。ありがとうございます。


最後に、言い忘れた大切なことを次に述べてから、この章を閉じたい。

戒すなわち「精進の五根五力法」は、「積徳・積善に勤め、悪行・不善は行なわない」ことである。

もし、現在何らかの病気にかかっており、〝自分には実践できようがない〟と思っている人がいるならば、それは大きな誤解である。

家族やお医者さんや看護師や介護士の方々の助けを借りて病気と闘っていること自体が、その毎日こそが「積徳・積善に勤め、悪行・不善は行なわない」ことなのである。

そのほかにも、病気(肉体的な病気でも、心・精神の病気でも)の日々であっても、積徳・積善の行為は日常生活の中に多くある。

「祈り」もそうである。「祈り」も積徳・積善の行為である。

その一つが、「日々是好日」の瞑想法なのである。

第四章　念根と念力と念の五根五力法

第四章　念根と念力と念の五根五力法

（一）念根（ねんこん）と念力（ねんりき）

（一―一）念とは何か？

まずは、「念」から説明したい。

「念」は、仏教においては、二つの意味で使われている。

一つ目の「念」は、一般的に使われている、通常の〝思いという心の働き（心の作用）〟の意味で使われる。そして、思いというのは、心の状態でもある。

仏教では、人間は五つの集まり（五つの構成要素）から成り立っていると説明している。多くの宗派で唱えられている「般若心経」の「五蘊皆空」の「五蘊」がそうである。

「蘊（うん）」とは、集まり、同類のものの集積を意味し、全体の構成要素のことをいう。そして「五蘊」とは、色（しき）・受（じゅ）・想（そう）・行（ぎょう）・識（しき）をいう。色（しき）は物質のことであり、人間では肉体のことを指している。残りの受（じゅ）・想（そう）・行（ぎょう）・識（しき）は、精神（心と心の作用）を指している。受（じゅ）は、感受作用のことである。

私達には色(物質)の肉体があるので、熱いとか痛いとかを感じる。熱いとか痛いとかを感じることが感受作用であり、これが受である。

すなわち、受は受動的な精神(心と心の作用)である。

お風呂の湯を手で触って熱いと感じると、例えば「熱すぎて火傷(やけど)する」というような思い(想念)が生じる。そういう思い(想念)が、想(そう)に相当する。

受(じゅ)の次には、想(そう)が生じるのである。

そして想の次は、「水を加えて、お湯の温度を適温まで下げよう」というような意識(意志)が生じる。

このような意志としての意識が、行(ぎょう)である。

それと同時に、そのことが深く認識され、他の意識と明確に区分される。

これが識(しき)である。

そして、行は能動的な精神(心と心の作用)であり、識は受動的な精神(心と心の作用)であると考えられる。


ここで、受・想・行・識のうち、受については受動的な精神(心と心の作用)であると述べたし、行は能動的な精神(心と心の作用)であり、識は受動的な精神(心と心の作用)であると述べた。しかし、想(そう)についてはまだ述べていない。

それでは、想はどういった精神(心と心の作用)であるのかというと、想は実に特殊な精神(心と心の作用)であり、受動的な精神(心と心の作用)と能動的な精神(心と心の作用)の両面を兼ね備えている。

受(じゅ)の次に連動して想(そう)が生じる時は、受動的な精神であり、人間以外の動物にも備わっている。人間以外の動物も、受の次に連動して想が生じている。

繰り返しになるが、人間の場合は、想(そう)の次には行(ぎょう)という精神が働き、同時に識(しき)という精神が働いている。

それでは、人間以外の動物はどうなのかと言うと、人間以外の動物には行(ぎょう)という精神は働かずに、想(そう)の次にはおそらく識(しき)は同時に働いていると思われるが、その後はただ本能に従って行動するだけであると考えられる。

すなわち、行という意志(意識)は、人間以外の動物には備わっていないと思われる。

例えば、人間以外の動物が温泉の湯に触って熱いと感じると、「熱すぎて危険である」というような思い(想念)である想(そう)は生じるものと推測される。

そして、同時に識(しき)が働いて、それが記憶される。その結果、その後は本能に従って、その温泉の湯には触れないだけである。

人間の場合は、「水を加えて、温泉の温度を適温まで下げよう」というような意志(意識)である行が生じる。行は人間だけのものであり、人間以外の動物には生じないと考えられる。

受と独立して生じる時の想(そう)は、能動的な精神(心と心の作用)であり、人間だけに生じる。

人間は煩悩(我)という自己中心的な精神(心と心の作用)を持っているので、折にふれて〝憎い〟とか〝悔しい〟とか〝かわいそう〟といった思い(想念)である想(そう)が生じる。

そして想の次には、「協力しない」とか「嫌がらせをしよう」とか「協力して助けよう」といった意志(意識)である行(ぎょう)が生じて、連動して識(しき)が働き、それが記憶される。

このような能動的な精神(心と心の作用)の場合の〝想(そう)と行(ぎょう)と識(しき)〟を、「念」と称している。

すなわち、一つ目の「念」は、私達が特に意識しないで日常的に行なっている〝想(そう)と行(ぎょう)と識(しき)〟ということになる。

繰り返すようだが、人は誰でも煩悩(我)という自己中心的な精神(心と心の作用)を持っている。

一つ目の「念」は、私達の通常の〝思いという心の働き(心の作用)〟であり、すなわち煩悩(我)を伴った〝今この瞬間の思い(心の状態)〟のことを指している。

そして、煩悩(我)の発現の有り無し、大小多少に応じて、私達は幸福になったり不幸になったりする。

一つ目の「念」である「今この瞬間の思い(心の状態)」は、そのまま肉体と行動に影響を及ぼす。そして、それが積み重なって、5年後、10年後の自分の健康状態や環境、すなわち人生(運命)になる。

ここで注意しなければいけないのは、思い(心の状態)というのは、今この瞬間でしか形成することが出来ないということである。そして、行動も今この瞬間でしか形成することが出来ない。

繰り返しになるが、人は今この瞬間の思い(心の状態)によって肉体(健康)や行動が形成され、それが積み重なって人生(運命)になる。

例えば、仕事でも勉強でも趣味でも、「明日からやろう」とか「来週からやろう」というのは、明日になっても来週になってもやらずに、再び「明日からやろう」とか「来週からやろう」と、それを繰り返し易く、いつまで経ってもやらないことが多い。

今この瞬間においてしか、やることは出来ないのである。

極言すると、今この瞬間だけしか存在しないということである。人が生きているのは、今この瞬間である。10分経とうが、1年経とうが、今この瞬間を生きている。

よって、いわゆる過去や未来は存在せず、過去や未来は人間が作り出した概念でしかない。

過去は記憶でしかなく、未来は希望とか怖れとか予測でしかなく、あるのはこの瞬間だけしかない。

今現在の思い（心の状態）は、本人だけではなく、周囲の人達にも影響を及ぼす。

これは、多くの人が日常生活において、少なからず経験していることである。

①　例えば、悲しい思いをしていると、その人の表情は勿論のこと体全体が悲しみの状態となり、そして行動も悲しみの行動となる。その人の体全体から悲しみの気（雰囲気）が周囲に発散され、周囲の人達にも影響を及ぼす。

周囲の人達は、それを無意識に（敏感に）感じ取り、人によっては、悲しみが伝染してなぜか悲しい気持になったり、悲しい記憶が甦ったりする。

人によっては、悲しんでいるその人に同情して、慰めたり、元気づけたり、助けたりする。

人によっては、悲しんでいるその人を見て、優越感や喜びを覚える不届き者もなかにはいる。

②　例えば、憎しみや怨みを心に懐いていると、その人の表情は勿論のこと体全体が憎しみや怨みの状態となる。その人の体全体から憎しみや怨みの気（雰囲気）が周囲に発散され、周囲の人達にも影響を及ぼす。

周囲の人達は、それを無意識に（敏感に）感じ取り、人によっては憎しみや怨みが伝染して憎しみや怨みの感情が湧いたりする。

人によっては、憎しみや怨みを心に懐いているその人を何となく嫌な人間と感じて、その人を避けたり、その人に反感を覚えたり、反発したりする。

③　例えば、喜びや楽しさや幸せや感謝を心に懐いていたり、周囲の人達の幸せや平安の願いを心に懐いていると、その人の表情は勿論のこと体全体がその状態になる。その人の体全体から喜びや楽しさや幸せや感謝の気(雰囲気)とか、周囲の人達の幸せや平安の願いの気(雰囲気)が周囲に発散され、周囲の人達にも影響を及ぼす。周囲の人達は、それを無意識に(敏感に)感じ取り、人によっては喜びや楽しさや幸せや感謝の気持が伝染して同じ気持が湧いたりする。人によっては、その人を何となく好ましい人物、心清らかな人と感じて、親しくなりたいと思う。そして、その人に対しては、どういう訳か協力や応援をしたいと思うようになる。こういう人が、「徳のある人」とか「人徳が高い人」と言われる。喜びや幸せや感謝の心を持って、周囲の人達の幸せや健康を願うことが、功徳を積むことなのである。それは行動になって表れてくる。

このように、思い(心の状態)は、本人だけではなく、周囲の人達にも影響を及ぼす。思い(心の状態)とは、人間の心が発する念のことである。

私達が今生きているこの宇宙空間(物理空間)においては、どんな物質やエネルギーも全て「振動」(バイブレーション)という現象を有しているという。

光子、電子、原子、分子、目に見える物質、エネルギーに至るまで、宇宙に存在している全てのものは振動している。物質の基本は「振動」であり、それが物質やエネルギーに違いを作り出しているという。耳に聞こえない周波数の低い音、耳に聞こえる周波数の音、耳に聞こえない周波数の高い音、目に見えない赤外線、目に見える赤から紫の範囲の可視光線、目に見えない紫外線、測定可能な最低温度から最高温度、これらは全て「振動数」の違いから生じている。

どんな物質やエネルギーも全て「振動数」の違いから生じている。

X線やガンマ線などの振動数の高い放射線は、科学が進歩して測定できる精密測定機器が発明されて、ようやくその存在が発見された。しかし、X線やガンマ線などの振動数の高い放射線(高エネルギー)は、それらが発見される以前から間違いなく宇宙に存在していたのである。このことから、現在最高の精密測定機器でも測定できないエネルギーが存在することは、どんな科学者も認めている。

思い(念)は、本人だけではなく周囲の人達にも影響を及ぼすことより、エネルギーの一種であると考えられる。

しかも、現在最高の精密測定機器でも測定できない高いエネルギーの一種であると考えられる。

思い(念)は精神エネルギーとも称されており、古今東西の有識者達によって、その独特な性質もしくは特徴が言及されている。

その性質・特徴とは、次のようなものである。

①. 心に思い(念)が生じると、大脳から思い(念)という精神エネルギーが波のように放出され、思い(念)・気持の強さに応じて、周囲へと、遠くへと広がり伝わっていく。

②. また思い(念)・精神エネルギーには「指向性」があるという。すなわち、特定の個人や場所に向けると、目指すポイントに直行する。

③. 思い(念)・精神エネルギーが他人の心に伝わると、同じ振動(思い、念)を呼び覚ます。これを、「心の感化力」という。それは、科学における「誘導」現象と同じような現象と思えばいい。たとえば、磁石は離れた物体に磁場を誘発するし、音波は遠く離れた物体に共鳴現象を誘発するのに似ている。

強く怒っている人(強い怒りの念を持った人)は、怒りの精神エネルギーを波のように周囲に放射しており、それが他の人に伝わると、他人の心の奥に眠っている怒りの感情を呼び覚ます。そのため、怒っている人が一人でも同じ場所にいると争いが生じ易い。特に、怒りや憎悪は、その力が顕著であり広がりやすい。ひどい場合には、暴動に至ることもしばしばある。

④. しかも、それだけではなく、思い(念)・精神エネルギーを受けた他人は、波のようにそれを返してくるという。すなわち、善い思いは他人の善意を呼び覚まし、他人の善意が返ってくる。表現を変えると、他人の善意を引き寄せる。悪い思い(悪念とか悪意)は他人の悪念・悪意を呼び覚まし、他人の悪念・悪意が返ってくる。表現を変えると、他人の悪念・悪意を引き寄せるという。これを、「引き寄せ現象」という。

⑤. 思い(念)・精神エネルギーは、それを発した本人の分身のように、めぐり巡って発した本人のもとに帰ってくるという。

⑥. 思い(念)・精神エネルギーは、波と同じように、同じ思い(念)・精神エネルギーに出会うと、同調してエネルギーは強められる。また、反対の思い(念)・精神エネルギーに出会うと、互いに反発して打ち消しあう。
すなわち、二つの思い(念)が出会うと、増幅するか減衰・中和するかのいずれかである。たとえば、憎悪の思い(念)同士が出会うと、憎悪の思い(念)は増幅する。

しかし、憎悪の思い(念)が、愛の思い(念)に出会うと、憎悪の思い(念)は和らぐ。そして、二つの思い(念)の力関係(思いの強さ、念の強さ)で減衰・中和の程度は決まる。たとえば、愛の思い(念)が強いと、憎悪の思い(念)は弱まり消えていく。

逆に、憎悪の思い(念)が強いと、憎悪の思い(念)は弱まりはするが残ったままである。

⑦. 思い(念)・精神エネルギーは、波(波動)の性質がある光と同じように、地球から数十光年も離れた星が爆発して消滅しても、その光は数十光年もの距離を旅して地球に届くように、思い(念)を発した人が亡くなっても消えてしまうことはない。

⑧. 思い(念)・精神エネルギーは、同じ場所で繰り返し発すると、その場所にあたかも記録されたかのように残留して影響を与える。
また、繰り返さなくとも、非常に強い思い(念)は、それを発した場所にあたかも記録されたかのように残留して影響を与える。

悲惨な出来事があった場所とか、昔の悲惨な戦場の跡といった、死者の怨念が今も残っていると言われている場所に行くと、何となく、どんよりとした独特な「空気」というか雰囲気を感じることがあるというのもそのためである。

また、文豪が泊りがけで小説を書いた旅館の同じ部屋に宿泊した人が、何かしら手紙とか日記とか文章を書きたくなったという話があるのもそのためである。

地域特有の雰囲気とか、会社特有の雰囲気があると言われるのもそのためである。

その地域の住民の思い(念)の総和、その会社の社員全員の思い(念)の総和の所産である。

特に、地域の中心的な人物がいる場合はその人物が、会社では社長・重役が、周囲に大きな影響を及ぼし、それが地域や会社の特有な雰囲気になっていくと言われている。

⑨. 悲惨な出来事があった場所とか、昔の悲惨な戦場の跡といった場所の雰囲気も、その場所で「慰霊供養」などを行なうと雰囲気が変わっていくと言われている。
そして、「愛」とか「慰め」とかの思い(念)が強ければ強いほど、また行なう人が多ければ多いほど、その効果は大きいと言われている。

これは、「愛」とか「慰め」とかの思い(念)によって、以前の独特な「空気」・雰囲気の元であった残留した思い(念)が中和し消滅していったためと思われる。


二つ目の「念」は、仏陀ご在世当時から重要な修行法としての意味で使われている。

ここで、〝二つ目の「念」〟の説明に入る前に、もう一度〝一つ目の「念」〟を復習する。

一つ目の「念」は、私達が日常的に意識して行なったり、または何気なく行なっている、〝煩悩(我)を伴った想と行と識〟である。

凡夫である私達の精神(心と心の作用)が怒りや憎しみに変化するのは、煩悩(我)が私達の心(意識)の奥底に強固に居座っているからである。

そして、怒りや憎しみは、〃現象として現れた煩悩(我)〃とも言ったりする。煩悩(我)が、解脱(輪廻からの解放、ニルバーナ)を妨げている。解脱を達成するためには、煩悩(我)を全て排除する必要がある。

それでは、〃二つ目の「念」〃の説明に入りたい。

〃二つ目の「念」〃は、想(そう)と行(ぎょう)と識(しき)を、煩悩(我)に気づくために活用できるように特別に考案された「念」をそのように称している。

そのため、一般的な「念」である〃一つ目の「念」〃と区別するために、〃二つ目の「念」〃を「正念(しょうねん)」と言ったりもする。

すなわち、一つ目の「念」は、〃煩悩(我)を伴った通常の思い〃という「心の働き(心の作用)」であるのに対して、

二つ目の「念」は、自分の煩悩(我)に気づくために特別に考案された方法(特殊な意識)であり、〃常に自分の思いや言動に注意する〃という「心の働き(心の作用)」のことである。

それは、他の人の言動(刺激)によって反応した(生じた)自分の思いや感情や言動と、心の奥底から自然に湧き出てきた記憶や感情を常に意識することで、

「素早くそれに気づいて沈静化し、自分の煩悩(我)に気づく方法」である。

自分の煩悩(我)に気づくことが、煩悩(我)を解消するための第一歩となる。

図式化すると、次のようになる。

◎　一つ目の「念」：煩悩（我）に影響された私達の通常の思い（心の状態）

受（感受作用）　⇩　煩悩（我）　⇩　煩悩（我）に影響された〝想と行と識〟

⇩　自己中心的な行為　⇩　自分にも関係者にも不利益や災厄が生じる

◎　二つ目の「念」：煩悩（我）に気づくために考案された特殊な意識（心の状態）。

それは、常に自分の思いや言動に注意（意識）するという方法である。

一つ目の「念」と区別するために、「正念（しょうねん）」とも言う。

別の言い方をすると、

煩悩（我）の思いと自己中心的な行為を常に監視する意識（心）であり、まさしく技術であり方法である。

受（感受作用）　⇩　自分の思いや言動に注意（意識）する　⇩

⇩　煩悩（我）に影響された〝想と行と識〟に気づく　⇩

⇩　自己中心的な行為に気づく

さらに、

⇩　気づいた自己中心的な思い(想念)と行為を是正する　⇩

⇩　自分や関係者に不利益や災厄が生じるのを防ぐ　⇩

⇩　煩悩(我)に気づく　⇩　煩悩(我)の解消・消滅を行なう

すなわち、煩悩(我)を解消・消滅させる仏陀の修行法を実践する

煩悩(我)を解消・消滅することは、幸福を呼び寄せ、不幸を遠ざけることでもある。その方法(修行法)が、仏陀の修行法すなわち三十七道品である。

ここで、明確にしなければならないことがある。

それは、この二つ目の「念」は仏陀の独創(発明、発見)ではないということである。この二つ目の「念」すなわち「洞察の瞑想」とも言うべきものは、仏陀釈尊の独創(発明、発見)ではなく、仏陀釈尊はこれを修行法(成仏法)に取り入れたに過ぎない。

その理由は、瞑想そのものの成り立ちに関係しているからだと筆者は考えている。

• 第五章で詳しく説明する「サマーディ瞑想」は、主体と客体が融合してしまう究極とも言える意識状態になる瞑想である。

この「サマーディ(三昧)」になることができる能力は全ての人に備わっており、「サマーディ瞑想」はある日偶然に実践された可能性が高いが、人類が生まれた当初から実践されていたと考えら

れる。

・ それに対して、この二つ目の「念」すなわち「洞察の瞑想」とも言うべきものは、煩悩(我)の存在に気付いた人達(聖者、宗教家、学者)が、解明し、工夫し、実践してきたものであると考えられる。もしかすると、何世代もかけて発展してきたものかもしれない。

筆者の個人的な思いは、尊崇している仏陀釈尊の独創(発明、発見)であってほしいという期待がないわけではない。

しかし、残念ながら、仏陀釈尊はこれを修行法(成仏法)に取り入れたに過ぎない。

もっとも、修行法(成仏法)に取り入れたこと自体が、仏陀の偉大さの証明でもある。

仏陀のご在世以前から、インドにおいては実践されていたと考えるのが自然である。いつから実践されていたかは分からないが、少なくとも、古代インドの賢人(天才)達ならば、当然気づいたことであろうし、実際に実践していたものと思われる。

それだけではなく、古代インドの賢人達の弟子達や信者達も実践していたであろうことも容易に推察できる。おそらく、仏陀ご在世当時、この二つ目の「念」すなわち「洞察の瞑想」とも言うべきものは、当時の一部の修行者達の間では常識的なものだったと思われる。

もしかすると、かなりの数の修行者達は、実践していたのかもしれない。

その証拠になるものが、ヨガの根本経典の一つである「ヨーガ・スートラ」に記載されている。

「ヨーガ・スートラ」は、紀元後四〜五世紀頃にパタンジャリによって編纂されたものだが、様々な群小経典や古代(仏陀が生まれる二千年前)から伝承されてきた行法や教えなどをまとめたものとされている。

例を挙げると、

〔煩悩除去の方法〕

二・一〇　これらの煩悩は、それが潜在、未発の微妙な形態で存在する間は、心の逆転変によって初めて除去することができる。

煩悩の在り方を、潜在意識的な形で存在するものと、すなわち思いや言葉や行動として現れていない場合と、顕在意識の上に心理的な働き(思いや言葉や行動)として現れた場合を述べている。

その後に、二・一一などで、思いや言葉や行動として現れた煩悩を除去する方法を簡単ではあるが述べている。

その方法としては、瞑想、クンバク(肛門や下腹部を締めて、呼吸を一時止める方法)など。

(それらの詳しい説明は、伝統に従って口伝と実地指導で行なわれたと考えられる。)

それ以外にも、

三・五　綜制を克服した時に、真智が輝き出る。

綜制が習性となって、いつでも直ぐにその心境(意識)になると、対象の実相(本質)が分かるようになること。

対象が「自分の今、この瞬間の体験(様々な思いや行為)」の場合だと、その本質(煩悩など)が分かるようになる。

仏陀釈尊は、特別な師匠がいないにも関わらず、一人で解脱を成就(達成)した。これを、「無師独悟」という。

そのご自身の体験から仏陀釈尊は、二つ目の「念」を仏陀の修行法に組み入れて、四念処などの「仏陀の修行法」として確立されたのである。

この二つ目の「念」は、パーリ語のサティとか、英語のマインドフルネスという名称で今や多くの人に広く知られている。

それは、パーリ語のサティ(sati)の翻訳(漢訳)であり、英語ではマインドフルネス(mindfulness)と翻訳(英訳)されているが、今では世界中の瞑想愛好家にはマインドフルネスという名称の方で広く知られるようになっている。

1881年にパーリ語学者のトーマス・ウィリアム・リス・デイヴィッズが、八正道におけるサティいわゆる正念(しょうねん)をマインドフルネスと英訳したのが最初である。

マインドフルネスの由来であるサティは、もともと宗教的な要素は少なく、思い(意識)を正しく保つ方法であり、仕事でも勉強でもスポーツでも全てにおいて要求されるものである。

「念」(サティ、マインドフルネス)の意味は、「今、この瞬間の体験に意図的に意識を向け、評価をせずに、とらわれのない状態で、ただ観ること」と説明されることが多い。

八正道における「念」(サティ、マインドフルネス)は、同じ三十七道品の四念処、五根、五力、七覚支などにおける念と同じであり、基本修行、基本概念の一つである。

そして、仏陀の修行法全ての基盤となる〝四念処法〟の特に重要な要素である。

さらに、「念」(サティ、マインドフルネス)単独でも、心身に対して多くの素晴らしい効果が認められることが、多くの実践者から報告されている。

そのため、「念」(サティ、マインドフルネス)は一つの特化された訓練法として、多くの指導者達によって様々な方法が提案されている。

「念」(サティ、マインドフルネス)という

「今、この瞬間の体験に意図的に意識を向け、評価をせずに、とらわれのない状態で、ただ観る」修行法(の要素)は、初期仏教時代の仏陀釈尊の修行法(三十七道品)に導入されたのであるが、それらは必然的に上座部仏教にもそのまま忠実に伝承されたはずである。

時代を経るにつれて、上座部仏教は東南アジアに広まっていき、在家信者はますます多くなっていった。

そして、在家信者への布教や指導の過程で、「念」(サティ、マインドフルネス)は独自に発展し多彩に変化していったと考えられる。

すなわち、初期仏教時代の「念」の活用法と、現在広く普及している「念」の活用法は微妙に異なっており、両者は分けて考えないといけない。

（一―二）　初期仏教時代の「念」の活用法

仏陀釈尊の修行法（三十七道品）は、煩悩（我）を解消して解脱に導く方法（成仏法）である。煩悩（我）を解消するためには、まず自分の煩悩（我）を見究めなければならない。

その自分の煩悩（我）を見究めるための方法・手段として、「念」（サティ、マインドフルネス）は導入され活用されたと考えられる。

その煩悩（我）を見究めるための方法は、煩悩（我）を解消するための方法と共に、四念住（四念処）法に説かれている。

四念住（四念処）法は、四つの瞑想法から成り立っている「三十七菩提分法」の一つである。非我観とか空観とか言われ、非我や空を覚るための瞑想法と言われている。

さらに四念住（四念処）法は、これだけでも涅槃に至る（解脱する）ことができる修行法（いわゆる一乗道）とされている。

四つの瞑想法とは、身観（身念住・身念処）、受観（受念住・受念処）、心観（心念住・心念処）、法観（法念住・法念処）である。

「念処経」に、次のように説かれている。

……比丘達、ここに有情の浄化、愁悲の超越、苦慮の消滅、理の到達、涅槃の作証の為に、此の一乗あり、即、四念処なり。四とは何ぞや。

曰く、ここに比丘、身に於いて身を随感し、熱心にして、注意深く、念持してあり、世間に於ける貪憂を除きてあり。

受に於いて受を随感し、熱心にして、注意深く、念持してあり、世間に於ける貪憂を除きてあり。

心に於いて心を随感し、熱心にして、注意深く、念持してあり、世間に於ける貪憂を除きてあり。

法に於いて法を随感し、熱心にして、注意深く、念持してあり、世間に於ける貪憂を除きてあり。

（是の如きを四念処という）


現代語に訳す前に、「念処経」を始めとした「お経」の成り立ちについて考えてみたい。

「念処経」を始めとした「お経」は、基本的には仏陀（お釈迦様）が弟子や信者に説法した内容を記したものである。

その中で特に、「念処経」などの修行法を説法した「お経」は、修行者である弟子を対象に説法した内容を記したものである。

仏陀（お釈迦様）は、相手の教養や理解力（修行段階）に応じて、どんな相手にも理解できるように、分かりやすく例え話を織り込みながら説法された。

おそらく、相手しだいでは、きめ細かく懇切丁寧に話されたことであろう。

そうした仏陀（お釈迦様）の説法は、仏陀の入滅直後、５００人の弟子達が集まって弟子達全員で議論してまとめられた。それが「お経」である。

その「お経」は数百年間は口承のみで伝えられたわけだが、その過程で覚え易いように口ずさみ易いように、韻を踏むなどして音調や語句を美しく整える形になったと思われる。

リズムや節回しを付けて、あたかも歌うような形で伝えられたと思われる。

極端に言えば、「お経」は歌の形で、数百年とか数千年にわたって伝えられたわけである。

21世紀の現代でも、アフリカでは掃除・洗濯・炊事・買物などの家事全般の方法(やり方とか手順)やコツや失敗例などを唄として多くの歌詞で、母から娘へと大昔から代々伝えてきている種族がいる。たとえ文字がなくても、唄という形ならば膨大な量の知識でも正確に代々伝えることができるのである。

現代の歌謡曲の大ベテラン歌手達は、何十年にもわたる歌手生活において、中には数十曲とか百曲以上もの持ち歌があり、1曲あたり3～4番まで歌詞があるので、合計すると数百とか千とかの歌詞を正しく暗唱しているわけである。

優れた作詞家が作る歌詞は、詩や和歌や俳句などと同じように、短い文章の中に多くの内容が芸術性豊かに表現されている。それらの歌詞を正しく暗唱しているわけである。

「古事記」は、大化の改新(乙巳の変)の際に「天皇記」などの歴史書も焼失したために、それに代わるものとして天武天皇(7世紀後半)の命で編纂されたと伝えられている。

神代における天地の始まりから推古天皇の時代(七世紀前半)に至るまでの様々な出来事(神話や伝説なども含む)が記載されている。

「古事記」は、稗田阿礼(ひえだのあれ)が誦習していた「帝皇日継」(天皇の系譜)と「先代旧辞」(古い伝承)を太安万侶(おおのやすまろ)が筆録して、元明天皇の代(八世紀初頭)に完成させたと伝えられている。

稗田阿礼(ひえだのあれ)は、天才的な記憶力の持主であったと伝えられている。

確かにその通りだと思うが、「誦習していた」ということは、一種の唄という形で記憶していたと思われる。

そして「お経」も、一種の唄という形で膨大な量の仏陀の教えが代々伝えられてきたと考えていい。

仏陀(お釈迦様)がどんな相手にも理解できるように詳しく話された内容は、意味が伝わる最小限の文章や言葉に簡潔化されていったと考えられる。

その意味を熟知している仏陀の直弟子や初期の弟子が存命中は、それでも全く支障はなかったが、時代を経るにつれて、その意味を熟知している弟子も少なくなって難解になっていったと思われる。

特に、修行法を説法した「お経」は、修行法の名称は列挙されてはいるが、その詳しい内容についてはあまり記載されていない。

仏陀の直弟子や初期の弟子が存命中は、口承や実地指導で弟子から弟子へと伝えられたと思われるが、時代を経るにつれて、しだいに途切れたり変貌していったものと思われる。

そこでこの「念処経」の内容だが、学問的には字句に沿って厳密に訳さないといけないが、そうすると簡潔な文章のために、かえって内容を詳しく理解することはできない。

ここでは、仏陀がどんな相手にも理解できるように詳しく話された内容であることを念頭に置いて解釈すると、次のようになる。

ここで、「念持」とは、「常に留意すること、常に心に留めること」を言う。

そして、この「念持」すなわち「常に心に留めること」こそ、特に重要なポイントである。

いわゆる奥義とも言うべきものである。

「世間」とは、「身体」という意味もあるが、ここでは「普通によく使う世間」の意味である。

すなわち、「日常生活における出来事、自分と他の人々との関係で起こる出来事」を言う。

「貪憂」とは、怒り・憎しみ・怨み・羨望・怖れ・妄想・偏見・自己限定などの我(煩悩)を総称して言っている。

「身」とは「身体もしくは自分の行動」を言い、「受」とは「ある出来事に対する自分の感受性」を言い、「心」とは「ある出来事に対する自分の反応、思い」を言い、「法」とは「この世を成り立たせている法則」すなわち「大生命」のことを言う。

〈現代語訳〉

怒り・憎しみ・怨み・羨望・恐れ・妄想・偏見・自己限定などの我(煩悩)は、他の人々との関係の中で自分自身の心が造り出したものであり、常に自分の心を注意して我(煩悩)に気付き見抜いて、我(煩悩)を消滅するように熱心に努めなければならない。

そこで、我(煩悩)に気付き見抜くためには、常に自分(の心)をあたかも他人を観察するように気をつけて観察することを習慣づけ、日常生活における自分自身の考えや行動が、心の中にある我(煩悩)から出ていないかどうかを見究めていくことが大切である。

そうして、見つけ出した我(煩悩)を、大生命を感じながら大生命の力によって、一つずつ消滅させていく。

という意味である。

ここでは、四念住(四念処)法を、煩悩を消滅させる方法、すなわち心を浄化・強化する方法であると捉えて説明する。

仏陀の教えを踏まえて、出来る限り分かりやすく説明する。

怒り・憎しみ・怨み・羨望・恐れ・妄想・偏見・自己限定などの我(煩悩)は、他の人々との関係の中で自分自身の心が造り出したものであり、それに気付き見抜いた時点で、一時的だが現象(感情として表れた我・煩悩のこと)としては消え去ってしまう性質がある。

しかし、怒りの最中には怒りに翻弄され、恐れの最中には恐れに翻弄されて、自分自身を見失っている。そのため、怒りや恐れは心が造り出した我(煩悩)であることに気付かない。

たとえ気づいて自分自身を取り戻し平静に返っても、しばらくすると再び怒りや恐れに翻弄されてしまいがちである。

その理由は、我(煩悩)の本体が心の奥に頑強に居座っているためである。

怒りや恐れなどの我(煩悩)に翻弄されない方法として、多くの知識人により様々な方法が紹介されている。

1. 自分自身の過去の苦境を思い出すことで、現状はまだ幸せな状況であることに気づくようになり、怒りや恐れなどの我(煩悩)に翻弄されないようになる方法

例えば、大病を患った経験があれば、その当時の苦しかったことを思い出すことで、「その当時に比べれば現状は大したことではない」と思えるようになり、怒りや恐れなどの我(煩悩)が次第に和らぎ消え去っていく方法など

2. 自分自身の過去において他人を傷つけたり悲しませたことを思い出すことで、反省と償いの心が呼び覚まされ、相手を理解する余裕が生まれてきて、怒りや恐れなどの我(煩悩)に翻弄されないようになる方法など

3．国民的な芸人である明石家さんま師匠の、「生きてるだけで、丸儲け」と考えることで、しだいに現状に感謝できるようになり、怒りや恐れなどの我(煩悩)に翻弄されないようになる方法など

これらは、現象として現れた怒りや恐れなどの我(煩悩)に翻弄されないようにするための方法である。それに対して、四念住(四念処)法は、心の奥に居座っている我(煩悩)の本体そのものを消滅させる方法である。そこで、四念住(四念処)法とは、

①．まず最初に、自分の心の中にある我(煩悩)に気付き見抜く。

我(煩悩)に気付き見抜くためには、日頃から自分(の心)を、あたかも他人を観察するように気をつけて観察することを習慣づけ、日常生活における自分自身の考えや行動が、心の中にある我(煩悩)から出ていないかどうかを見究めていくことが必要である。

何故なら、心が我(煩悩)に占有されている限り、考えや行動は我(煩悩)に左右され、適切な判断や行動をとることが出来ないからである。

すなわち、心の中に我(煩悩)がある限り、智慧は充分には働かない。そのため、誤った判断や行動をとってしまう場合が少なからずある。その結果、自分が傷つき、周りの人達も傷ついてしまうことが多い。

そして何よりも、心の中に我(煩悩)がある限り、「輪廻」からの解脱は不可能である。

②．身観(身念住・身念処)　「身体、自分の行動は不浄である」と認識して瞑想する。

例えば、日常生活において、他の人々との関係の中で、つい相手を傷つけたり悲しませたりする。自分の願望(欲望)を達成する際に、自分はそんなつもりではなかったのに、結果的に他の人々を傷つけたり悲しませたりすることがある。

さらに、他の生物(野菜、果物、魚、牛、豚など)を食することなしには生きていることができないことなどを考えることで、「身体、自分の行動は不浄である」と認識していく。

③. 受観(受念住・受念処)　「感受作用は苦である」と認識して瞑想する。

例えば、日常生活において相手の言動を誤解し、相手を傷つけたり悲しませたことを思い出すことで、「感受作用は苦である」と認識していく。

④. 心観(心念住・心念処)　「心は無常である」と認識して瞑想する。

例えば、日常生活での他の人々との関係の中で、心は怒り・憎しみ・怨み・羨望・恐れ・妄想・偏見・自己限定など様々に変化し、そのことで自分が苦しみ相手を傷つけたりすることがある。このように「心は無常である」と認識していく。

⑤. 法観(法念住・法念処)　「法は無我であり、この世の法則である」と認識して瞑想する。

例えば、ボールが台の上に置いてあるとする。永久にその状態にあることはない。時間が経つと、ボールは古くなり、ついには壊れてしまう。

またボールを取って投げると、ボールは運動法則通りに放物線を描いて飛んでいく。

この世の全ての物や出来事は、厳格な法則通りに生起し、法則通りに変化し消滅する。同じように、心の中にある我(煩悩)も、法則通りに生起し、法則通りに変化し消滅する。

その法に、「我(煩悩)の消滅」の思いを込めて瞑想する。または、瞑想して思いを込める。法とは、「この世を成り立たせている法則、力」すなわち「大生命」のことを表している。


怒りや憎しみ(煩悩)を、ただ消し去ろうと努めるだけでは消すのは難しい。それは、消し去るのではなく表面に出ないように抑えつけているにすぎない。心の奥に押し込めているにすぎない。

一時的には抑えることができても、何かの拍子でまた表面に出てくる。心の奥に居座っている煩悩(怒りや憎しみ)を消し去るためには、

ステップ1．心の状態(思い)を常に客観的に注意して、煩悩(プログラム)を見究める
ステップ2．煩悩(プログラム)をただ抑え込むのではなく、書き換える

四念住(四念処)法を修することとは、ここでいうステップ1とステップ2を修することである。

ステップ1が①に相当し、ステップ2が②～⑤に相当する。


筆者は、企業に入社以来、技術者として過ごしてきた。

筆者が経験してきた幾つかの分野において、改善手法の手順は大きく分けると全く同じである。

例えば、生産トラブルの復旧方法を例に挙げると、大きく分けると2つの手順がある。

1．まず最初に、生産トラブルの原因を調査して、原因を特定するのである。

２．次に、特定した原因を排除する。（その際の破損個所の修理も、原因排除の中に入る。）

おそらく、この世の全ての分野において、改善手法の手順は大きく分けると全く同じであると思われる。

「解脱を成し遂げる方法」も、「解脱していない状態（迷い苦しむ状態）」から「解脱している状態」へと改善させる方法である。

そのために、解脱を成し遂げるための方法（成仏法）も、同じような手順で構成されている。

１．まず最初に、解脱を妨げる原因となっている我（煩悩）を見究める。
そのために、「四念住（四念処）法」で説かれているように、常に自分の心（言動）に注意するのである。

２．次に、見究めた我（煩悩）を一つずつ解消・消滅する。
その際、我（煩悩）の本体は心の奥（潜在意識）にあるので、潜在意識の扉を開くための技術である瞑想を行なう。（例えば「四神足」で説かれている瞑想）

四念住（四念処）法以外の仏陀の修行法も全て、同じような手順で構成されていると思われる。

１の我（煩悩）を見究める方法は、「四念住（四念処）法」で説かれているように、「常に自分の心（言動）に注意すること」以外には方法はないので、仏陀の修行法全てに共通であると思われる。

２の見究めた我(煩悩)を解消・消滅する方法は、弟子達の能力や性格・気質、修行段階に応じて工夫されたものと思われる。

(一―三)　現在広く普及している「念」の活用法

仏陀釈尊が教えを説いた相手は、出家修行者だけではなく、在家信者も数多くいた。仏陀釈尊の名がインド各地に知れ渡るにつれて、在家信者も多くなっていった。

仏陀釈尊は、出家者(僧侶)に対しては、「解脱」(輪廻を脱した境地、涅槃)を目的に、教えと実践法(修行法)を説いたが、在家者(一般大衆)に対しては、彼らの悩みや苦しみの相談を受けて、それを解決できるように、彼らの理解力に応じて適切な教えと実践法を説いた。

今も昔も在家者(一般大衆)にとって、自分や家族の問題(健康問題や人間関係、仕事や生活、進路などの悩みや苦しみ)は、すぐにでも解決したい目の前の大きな問題(課題)である。

その在家者(一般大衆)の問題(課題)を解決するための実践方法の一つが、「念」(サティ、マインドフルネス)を応用したものなのである。それらもまた、上座部仏教にそのまま伝承されたはずである。そして時代を経るにつれて、上座部仏教は東南アジアに広まっていき、在家信者はますます多くなっていった。そして、在家信者への布教や指導の過程で、「念」(サティ、マインドフルネス)は次第に変化し多彩に発展していったと考えられる。

出家修行者ならば普通に実践できる修行も、在家者(一般大衆)にとっては相当むずかしく実践できない場合もあり、その際は在家者(一般大衆)でも実践できるように色々と工夫したものと思われる。すなわち、在家者(一般大衆)でも実践できるような方法が考案され、それらが〝現在広く普及している「念」の活用法〟へと発展していったと考えられる。具体的な方法は、上座部仏教関係者の著書に詳しく記載されている。

その方法は、一言で表現するならば〝非常にすばらしい〟と言える。

しかし一部ではあるが、筆者が提示している仏陀の修行法とは根本的に異なっている。その根本的に異なっている部分を、以下の3点に簡単にまとめている。

上座部仏教はヴィパッサナー瞑想系とマインドフルネス瞑想系があり、あたかも宗派のようになっているが、両者とも「念」を応用・発展した修行法を採用している。

あくまでも筆者が目にした範囲内という条件付きではあるが、両者の関係者による書籍などでの解説をみると、両者は以下の3点のどれかに該当している。

また、3点それぞれについて、筆者の見解を併記している。

(1点目) 四念処(法)は「念」を応用した修行法であるが、四神足(法)も「念」を応用・発展した修行法もしくは四念処(法)の一部(構成要素)であると解説している。

それに対して筆者が提示している四神足(法)は、それらとは全く異なり、気(のエネルギー)を駆使して実践する修行法(瞑想法)である。

実践過程で、気の感知、チャクラの覚醒、クンダリニーの覚醒・上昇、「明星」の発現と

「谷響」の発現などを体験する。

（2点目） 四念処(法)や四神足(法)は、阿含経の中で伝えられているが、特に四神足(法)を解説している「安那般那(あんなぱんな)念経」は、自分達の主張に合わない理由なのか、偽経(偽物の経典)だと主張して排斥している。

もしくは、偽経ではないが、その内容は〝二つ目の「念」〟すなわち「洞察の瞑想」の一部を述べたものであると主張している。

それに対して筆者は、「安那般那念経」は四神足(法)を解説したものであり、気(のエネルギー)を駆使して実践する数種類の修行法であると主張している。

それだけではなく、著書「四神足瞑想法」の中で、それの修行法の一つ一つの内容について、実施手順書形式で具体的に実践法を解説・提示している。

（3点目） 「念」はあくまでも、四念処(法)や四神足(法)の重要な基盤(構成要素)として機能しているのに、その「念」をまるで主役のごとく捉えている。

それに対して筆者が提示している四念処(法)や四神足(法)では、「念」はあくまでも重要な基盤(構成要素)である。

以上の3点は、上座部仏教関係者の書籍に記された内容に基づいている。

上座部仏教では、在家修行者(一般人)と出家修行者(僧侶)は、書籍に記載されているような修行(実践課目)を行なっていると思われる。

上座部仏教においても、修行が進んでいる僧侶は、もっと高度な修行(秘伝の修行)を行なっている可能性があると筆者は考えている。

仏陀ご在世の初期仏教から連綿と続いている上座部仏教では、口伝と実地指導で師から弟子へと修行法(実践法)は伝えられているという。

そうだとすると、その中には気(のエネルギー)を駆使して実践する内容も含まれている可能性はある。

密教の宗派や運命術(占術)の流派の中には、普通の僧侶や在家修行者(一般人)に教える内容と、修行が進んでいる僧侶もしくは内弟子に教える内容とは大きく異なっている場合があるという。

大きく異なっている部分は、秘伝とか極秘伝と称して、口伝と実地指導で伝えるという。

そうすることで、修行が進んでいる経験豊かな僧侶は、在家修行者(一般人)や普通の僧侶よりも、明らかに高い境地(法力)を得ることができるという。

運命術(占術)の分野でも、修行が進んでいる経験豊かな内弟子は、一般の修行者よりも、占断(占い)の当たる確率が明らかに高い力を持つことができるという。

余談ではあるが、気(のエネルギー)を駆使して実践する修行法でなくても、普通の瞑想や座禅の最中に、「クンダリニーの上昇」(大周天)を体験することがあるらしい。

もしくは、「クンダリニーの上昇」(大周天)と似たような体験をすることがあるようだ。

僧侶や一般人の修行者の体験談を記した雑誌や本の中に、稀だが見かけることがある。

ここで、話を本題に戻したい。

現在広く普及している「念」(サティ、マインドフルネス)単独でも、多くの素晴らしい効果があることは、多くの実践者によって証明されている。

「念」(サティ、マインドフルネス)の効果としては、

① 精神的なストレスが解消されて、気持が晴れやかに爽快になる。
② 交感神経と副交感神経のバランスが整い、心身のストレスが解消されて、よく眠れるようになり、肉体の異常(病気など)が快方へと向かう。
③ 思考が整理され、集中力が高まり、洞察力や直観力や創造力が高まって、仕事や勉強が向上する。
④ 心身のストレスが解消されることで、身体能力が発揮され、スポーツにおける記録などが向上する。

などが挙げられる。

それでは、「念根」と「念力」とは何か？第一章で解説したように、

・全ての人に平等に生まれながらに備わっている完全なる念を獲得できる能力(機根)が、「念根」である。
・念根の念をどれくらい発揮できるのかという、現時点での念の能力が、「念力」である。
・そして、念を「念根」と「念力」とに分け隔てているものが、「煩悩(我)」なのである。

(二) 念の五根五力法

それでは「念の五根五力法」は何かというと、人の念力(現時点での念の能力)を、念根そのものの能力まで発揮できるようにする修行法のことをいう。

もう少し丁寧に説明すると、

- 「念の五根五力法」とは、思い(心)を常に平安で、前向き(ポジティブ)で、自利だけではなく利他も常に考えることができるようになる修行法である。
- 「念の五根五力法」とは、怒りや憎しみの思い(心)が湧き起った場合は、その思いに釣られて復讐や嫌がらせなどをすることがないように、その思いを即座に打ち消して、赦しと温情(平和)的行動ができるようにする修行法である。
- 言葉を換えると、「念の五根五力法」とは、怒りや憎しみなどの煩悩(我)に打ち勝ち、煩悩(我)を解消する修行法である。
- 「念の五根五力法」とは、何かしら邪魔をしたり悪意を懐いたり嫌がらせをする人物やグループに対して、彼らの影響を受けないようにする修行法である。そして、協力や援助をしてくれる人達を、味方(友人・知人)にする修行法である。
- 「念の五根五力法」とは、たとえ環境(経済的、時間的、人材的)には恵まれない場合でも、次第に環境(経済的、時間的、人材的)が整っていく修行法である。

ここで、一つ目の「念」である〝思いという心の働き〟に関して、筆者には次のような体験があるので紹介したい。

おそらく、似たような体験を持っている人は多いかと思う。

30～31才の頃、会社の後輩に誘われて、彼の車で3人でカトリック教会に行き、ミサに参列したことがある。

その後輩だけがキリスト教徒であり、筆者ともう一人は単に興味本位での参列であった。参列者は教会の講堂がいっぱいになるくらいに多く、ミサの司式(主催者)は40才代と思われる日本人の神父(司祭)であった。

終了後に、司祭から参列者全員に、小さな丸い煎餅(せんべい)のようなものが手渡された。その時には、それが〝キリストの体として聖別されたパン(ホスチアと称す)〟であるとは知らなかったが、帰りの車中で後輩から教えられた。

司祭はミサの間中ずっと、そのパンをキリストの体とみなしてお祈りしていたのである。

当然、参列者(信者)も、そのパンをキリストの体とみなしてお祈りしていたことになる。

筆者は不謹慎にも、講堂を出るとすぐにパンを口に入れて食べ始めた。「味のない煎餅だなあ」と思った次の瞬間、口の中が感電したかのように、ビリビリとした強い痺れを感じた。

実際の時間としては1～2秒ほどの短時間だったはずだが、感覚的には10～20秒ほどのわりと長い時間強い痺れを感じたような記憶がある。

そして、その時は、神父と参列者(信者)の純粋な祈りという思い(念)が、パンに実際に込められたことに気付いて、非常に驚き、次に感動した。

帰りの車中において、そのことを後輩ともう一人に話したが、2人はこうした体験をしておらず、あまり興味がなさそうだったので、それ以上は話さなかった。

筆者はその日は、心が平安で何か満たされたような感じだった記憶がある。

今振り返って思うに、神父や参列者(信者)の祈り(思い)が、いくら純粋で敬虔なものだったとしても、単に祭壇に供えられただけのパンに、念(祈り)があれほど強烈に込められるはずがない。

そのパンはキリストの体とみなされていたからこそ、念(祈り)が強く込められたのである。

そのパンは、聖なるキリストの体そのものとして、祈りの対象の一つであった。

ミサにおける参列者の思い(心)は、キリストへの敬虔な信仰心で占められており、煩悩(我)が入り込む余地などほとんどなかったのであろう。

そのためであろうか、筆者の心には平安で何か満たされたような思いが生じたのである。

(解説) ミサ

カトリック教会において、パンとぶどう酒を聖別して聖体の秘跡が行われる典礼(祭儀)であり、司教または司祭が司式し、信者全体が捧げるものとして位置づけられており、カトリック教会で最も重要な典礼儀式である。

キリストは、自分の体と血をパンとブドー酒の形式で父である天主にささげたという。そして、使徒たちを新約の司祭として制定し、パンとブドー酒の形式で拝領するように自分の体と血を与えたとされる。

使徒たちとその後継者たる司祭職に、「私の記念としてこれを行え」という言葉で、それをささげるように命じたとされる。

通常はパン（聖体）のみだが、場合によっては信者もぶどう酒（御血）を飲むこともあるという。

神と人との交わり、参加者同士が同じ聖体を受けて交わるという意味があるという。


このように、人の思い（心）は、周囲の人は勿論のこと、周囲の物体（場所、建物、物品など）にも影響を及ぼし、そして残留するのである。

なかには、筆者が体験したように、明確に感知できるほど強烈に残留する場合もある。

（二―一）怒りと憎しみを打ち消す祈念と自問の方法

多くの煩悩（我）の中でも、特に有害なものは三つあり、「三毒（さんどく）」と言う。そのため、仏教においては、克服すべき最も根本的な煩悩と位置付けられている。

それは、貪・瞋・癡（とん・じん・ち）を指し、三つの煩悩を毒に例えたものである。

貪（とん）は、貪欲（どんよく）のことであり、必要以上に貪り（むさぼり）求める心を言う。

瞋（じん）は、瞋恚（しんに）のことであり、怒りと憎しみの心を言う。

癡（ち）は、愚癡（ぐち）のことであり、真理に対する無知の心、愚かさを言う。

三毒（貪・瞋・癡）の中で、瞋恚（怒りと憎しみ）が最も悪影響が大きく、最も始末に負えない煩悩（我）であると昔から言われており、筆者も全く同じ意見である。

その理由は、貪欲と愚癡（愚かさ）は直接的には自分自身だけの問題であるが、瞋恚（怒りと憎しみ）は他人を巻き込むと言うか、標的にしており、自分にも相手（標的にされた人物）にも周囲の人達にも苦しみや嫌な思いを与えるからである。

ここで少し脱線するが、

瞋恚(怒りと憎しみ)の現れ方で特徴的なのは、自分の我欲(金銭欲、物欲、名誉欲など)が強い者は、同僚とか関係者に対して異常なまでの競争意識を持つ。

そのため、気に喰わない事が人よりも多く、その際には強い怒りと憎しみを持つ。

そして、瞋恚(怒りと憎しみ)が高じて、関係者に対して不当な復讐的行動を起こす。人間は誰でも悟りを得た人や名僧でない限り、程度の差はあるが復讐心を持っている。その復讐心を実際の行動(すなわち復讐)に移す人を、特に復讐心の煩悩(我)が強いと言っている。

〝復讐心の煩悩(我)が強い人〟は、占術や運命学では「家運衰退運」とか「没落運」を持っていることが多いと言われている。

占術や運命学では、長期間にもわたる国や家門や人物の運命を調べて、まさしく正しいと判断されたものを〝何とかの運〟とか〝何とかの因縁〟とか〝何とかの星〟と呼んでいる。

その中の「家運衰退運」とか「没落運」を持っている人は、どんなに恵まれた環境に生まれても家運は衰退して没落していくと言われている。

もし、その人が組織や会社の重要人物とか重役であると、その組織や会社自体が衰退して傾いていく。

これが本当かどうかは、自分の周囲や歴史(人物や家門)を調べると分かるかと思う。

また、自分自身が復讐心の煩悩(我)が強いかどうかは、次の行動をしているかどうかですぐに分かる。

・自分の我欲を正当化する〝もっともらしい理由〟で、誰かに対して非難や陰口や意地悪を行なったことがある。

もし、自分にそういう経験が一度や二度はあったと思う人は、おそらく頻繁に行なっていると思って間違いない。自分にはその自覚がないだけである。

・気に喰わない人物やグループに対して、何か間違いをするのではないかと監視したり、根も葉もない噂を周囲の人達に陰口したことがある。

こういう人は、ほかにも色々な場所や場面でそれらを行なっていることが多い。

話を元に戻す。

そのため、瞋恚(怒りと憎しみ)の対処法としては、昔から色々な方法が提唱されている。特に、怒りや憎しみの思いを打ち消すイメージ法がよく知られている。

例えば、

・川を思い浮かべて、怒りや憎しみの思い(心)を川の中に投げ入れて流してしまうイメージ法

・燃えさかる炎を思い浮かべて、怒りや憎しみの思い(心)を炎の中に投げ入れて燃やし尽くしてしまうイメージ法

・地面に掘った穴を思い浮かべて、怒りや憎しみの思い(心)をその穴に投げ入れて埋めてしまうイメージ法

など。

実際に試してみれば分かると思うが、確かに日常生活でしばしば経験するちょっとした諍い（いさかい）で生じる怒りや憎しみの思い（心）は、それらのイメージ法で和らぎ、そのうちに消えてしまう。

しかし、それまでの人生において大きく傷ついた出来事から生じる怒りや憎しみの思い（心）は、それらのイメージ法では打ち消すことが出来ない。

効果が少ない（打ち消すことが出来ない）理由を探り、さらに効果的な（打ち消すことができる）方法を検討したことがある。

それは、次のようなものである。

●効果が少ない（打ち消すことが出来なかった）理由

怒りや憎しみの思い（心）を川に流してしまうイメージ法にしろ、炎で燃やし尽くすイメージ法にしろ、地面に埋めてしまうイメージ法にしろ、それらの方法はいずれも、怒りや憎しみの思い（心）を認知して、怒りや憎しみの思い（心）を一時的に心（意識）の中から追いやったに過ぎない。実施直後は怒りや憎しみが収まったとしても、すぐにまた怒りや憎しみが心（意識）の中によみがえってくる。

怒りや憎しみの思い（心）を認知した状態だけでのイメージ法は、怒りや憎しみの思い（心）が強い場合には、打ち消す効果は少ないのである。

さらに、注意しないと見落としてしまうが、このことは、〝二つ目の「念」〟（サティ、マインドフルネス）で認知する場合においても同じであり、認知しただけでは打ち消す効果は少ないことを意味している。

これに関する一つの例を挙げてみたい。

少し極端な例かもしれないが、同じような例は程度の大小を問わず、日常生活においてしばしば目にすることである。

（例１）　Aさんは、ある事で、Bさんから心（名誉）を傷つけられたと感じ、Bさんに対して強い怒りと憎しみを覚えた。

ところが、Bさんの方は、Aさんの心（名誉）を傷つけようという思いは全くないし、その事でAさんの心（名誉）を傷つけたとは全く思っていなかった。

それから数日後に、Bさんは仕事上で小さなミスをした。

そのことで他の関係者は騒ぎ立てなかったが、Aさんだけは騒ぎ立てて、Bさんを強く非難した。AさんはBさんを強く非難したことで気が晴れたのか、Bさんに対する怒りと憎しみはいったんは収まった。

しかし、数日後には、AさんはBさんへの怒りと憎しみが再燃したのである。時間経過とともに、怒りと憎しみは強くなり、抑えることが出来なくなった。

そして、色々な手段で、Bさんが困るような行為を、陰に陽に行なうようになった。その手段とは、Bさんに対して何らかの罠を仕掛けるとか、Bさんの行動を陰で邪魔するとか、ある事ない事の悪い噂を広めるなどである。

驚いたことに、Aさんは、自分の卑劣極まりない行為について、卑劣な行為とは少しも思ってなく、逆に正当な行為であると思っているようである。

さらに、その（卑劣極まりない）行為を行なう権利が、Aさん自身にはあると思っているようである。

● 効果的な（打ち消すことができる）祈念と自問の方法

それでは、Aさんのようにならないためには、どう対処すればいいのだろうか？

それは、

① 今、この瞬間の体験（思いや言動）に意図的に意識を向け、評価をせずに、とらわれのない状態で、ただ観ることを習慣づける。

すなわち、〝一つ目の「念」〟（マインドフルネス）を習慣づける。

② 自分自身の心（意識）の中の怒りや憎しみの思い（心）を認知した後に、怒りや憎しみの思い（心）に手を加えて、変質させて解消する。

怒りや憎しみの思い（心）に手を加えて、変質させて解消するのがポイントである。

筆者は怒りや憎しみの思い（心）を変質させる適切な方法がないかと色々と試した結果、次のような祈念と自問の方法が効果があり、それを採用している。

（手順1） 常日頃から、「自分は必ず自利利他になる行為だけをする」と決意する。同時に、「自分にも周囲の人達にも利益がありますように」と祈念する。

（手順2） 突然に心の奥底から怒りや憎しみの思い（心）生じてきたら、その怒りや憎しみの思い（心）を素早く認知する。

そのためには、自分の思い（心）を常に気を付けるように習慣づける必要がある。

（その方法としは、マインドフルネス瞑想やヴィパッサナー瞑想など）

（手順3）　次に、怒りや憎しみの思い（心）を変質させる。

そのために、次のように自問する方法を採用している。

「その思い（心）は自分の利益になるのか？自利なのか？」

「その思い（心）は関係者にも利益になるのか？利他なのか？」


「その思い（心）は自分の利益になるのか？自利なのか？」と自問すると、それに続いて、次のような自問が自然と浮かんでくる。

「そういうことで、怒ったり憎んだりしても、自分に何の利益があるんだ？」

「怒ってみても憎んでみても、自分には全く利益はなく、逆に血圧が高くなるなどして健康を害するだけだろう。」など。

そうすると、自然と怒りや憎しみの思い（心）は収まってくるのである。


「その思い（心）は関係者にも利益になるのか？利他なのか？」と自問すると、「そういうことで、怒ってみても憎んでみても、関係者に何の利益があるんだ？」

「怒ったり憎むことで、逆に関係者に嫌な思いをさせるだけだろう。」という自問が同じように自然と続いてくる。


この方法に習熟してくると、（手順3）の「その思い（心）は関係者にも利益になるのか？利他なのか？」と自問した時点で、怒りや憎しみの思い（心）は消えてしまう。

再び生じたとしても、しばらく後であり、しかも以前よりはかなり軽減している。

それは、（手順1）の常日頃から「自分は必ず自利利他になる行為だけをする」と決意している賜物である。

もし、しばらくしてから再び生じた場合は、この方法を繰り返せばよい。

この方法に習熟するにつれて、解消するようになる。

（二―二）「四無量心（慈・悲・喜・捨）」の瞑想法

実は、仏教においては、初期仏教時代から素晴らしい方法が伝承されている。それは、「四無量心（慈・悲・喜・捨）」である。

「四無量心（慈・悲・喜・捨）」の祈りという形式の瞑想である。

具体的には、上座部仏教や五井昌久師の白光真宏会で実践されている「祈り」という形式の瞑想がそうである。

ただし、五井昌久師については、仏教の「四無量心（慈・悲・喜・捨）」を参考にした訳ではなく、修行成就後に独自に感得されたものであるという。

例えば、

慈（慈しみ）：誰でもどんな生物でも幸福（な状態）を望んでいる

（祈りの言葉）　全ての人が幸せでありますように！

悲（憐れみ）：誰でもどんな生物でも苦しみ（な状態）からの脱却を望んでいる
（祈りの言葉）　全ての人が悩みや苦しみから脱却できますように！

喜（人の幸せを喜ぶ）：他人の幸せを心から喜び祝福する
（祈りの言葉）　彼（彼女）の希望が叶えられることで、彼（彼女）だけではなく関係者にも喜びや幸せをもたらすものであれば、どうか全ての人の希望が叶えられますように！

捨（公平さ、聖なる悟りの心）：全てのものを、平等に公平に認識する
（祈りの言葉）　全ての人が悟りに包まれ、天命を全うされますように！

これらの祈りの言葉を真剣に唱えると、怒りや憎しみの思い（心）は収まってくる。それだけではなく、次第に怒りや憎しみの思い（心）は解消していく。効果がある（解消していく）からこそ、初期仏教時代から今日まで実践されてきた「煩悩（我）を解消するための重要な修行法」なのである。

（解説）　天命

現在では「天命」は大きく分けて2つの意味で用いられている。

一つ目は、「天から与えられた使命」という意味で、これは〝天あるいは天帝（最も位の高い神様）の命令〟ということである。

二つ目は、人間の力ではいかんともしがたい「運命」や「宿命」を意味し、「天から与えられた宿命ないしは寿命」を意味する。

天命の原義（元々の意味）は、一つ目の「天から与えられた使命」の意味であったが、それが転じて二つ目の「運命」の意味を持つようになったという。

そして、天命という思想は、当初は王朝や家系の盛衰に関わるものであったが、そこでは〝全ての人に一部分とは言え天命が分与されている〟と認められていたことから、やがて「天命がひとりひとりの人間の運命をも支配している」と考えられるようになった。

ちょうど天命が王朝の命運を決定しているように、ひとりの人間の人生の長短も人生の出来事の良否も「天命」によって定められている、と考えられるようになったという。

（二―三）　天命を全う（まっとう）するための方法

ここでは、「天命」は、原義の「天の命令」すなわち「神様から与えられた使命」を指す。

そうすると、天(神様)の御心に叶うためには、人は誰でも、〝天から与えられた使命を全うする(成し遂げる)〟ことが必要かつ重要となる。

「天命を全うする」ことが必要かつ重要となる。

ここで、大きな問題がある。

それは、前提条件として、自分の「天命」を知ることである。

ところが、自分の「天命」を知っている人は誰もいない、というのが現実であろう。

しかし、努力精進して悟りを開き、悟りに包まれると、自然に「天命」にしたがっていると言われている。

残念ながら、私達一般人には、悟りを開き、悟りに包まれることは、とてもじゃないが容易ではない。

もし、どうしても、自分の「天命」を知ることが出来ない場合には、少なくとも、

①　〝天命〟に叶う(かなう)「心がけ」と、

②　〝天命〟に叶う「行為(行動)」

を、知る必要があり、実際にそれらを実践することが必要となる。

そこで、①〝天命〟に叶う「心がけ」と②〝天命〟に叶う「行為(行動)」について、その内容と実践方法を説明したい。

①　〝天命〟に叶う「心がけ」の内容と実践方法とは、

怒り・憎しみ・怨み・羨望・恐れ・妄想・偏見・自己限定など、自己中心の思い(心)を極力出

さないようにすることを、常日頃から念頭に置くことである。

言葉を替えると、自利・利他をいつも心がけて、煩悩(我)を極力出さないように、常に意識することである。

② 〝天命〟に叶う「行為(行動)」の内容と実践方法とは、煩悩(我)を離れた気持(心)で、今目の前の〝自分のやるべき事〟を誠実に行なうことである。
平たく言えば、感謝の気持ちで、今目の前の〝自分のやるべき事〟を誠実に行なうことである。

勿論言うまでもないが、今目の前の〝自分のやるべき事〟とは、法律に反する事ではなく、道義に反する事でもない、自利・利他になる行為(行動)である。

①、②は、何も特別なものだけとは限らない。
目の前の(日常の)仕事であったり、家事であったり、子育ても同じくそうである。

病人やケガ人の場合は、病気やケガの治療に専念することが同じくそうである。

実は、①、②を実践していくと、煩悩(我)が解消していき、努力精進しだいで、悟りを開くことがあると言われている。

(二―四) 体系的な「念の五根五力法」

それでは、「四無量心(慈・悲・喜・捨)」の祈りという形式の瞑想等も含めた、体系的な「念の五根五力法」はどういうものかというと、具体的には、仏陀の修行法である「四念処」のことであり、「四正勤」も同じくそうである。

「四念処」と「四正勤」については、筆者の著書「運命を変える四正勤法」において詳しく解説しているので参照してほしい。

尚、念の五根五力法として、(二―一)〜(二―四)を紹介しているが、これら全てを実践した方が良いと言っているのではない。

その中から、自分に合う方法を一つか二つ選んで、それを熱意を持って実践することをお勧めしたい。

(三)　運と念力

(三―一)　運と運命と運勢

最初に、「運」から説明したい。

「運」は、一般的に二つの意味で使われている。それは、

①　運命

②　運勢

の二つである。

すなわち「運」とは、①の「運命」と②の「運勢」の総称である。

(三―一―一) 運命

運命とは、大きく分けて二つの意味がある。

一つ目は、
運命とは、人の意思や想い(願いや予想)を超えて、人に幸・不幸を与える力を言う。

運命という幸・不幸を与える力は、時期(年や月や日)によっても変動する。

そのため、そうした力によって、ある時には幸福が訪れたり、ある時には不幸が訪れたりと変動する。

そして、変動する幸・不幸の時期(年や月や日)を、運期と言ったりする。

二つ目は、
運命とは、訪れてくる幸福や不幸とその巡り合わせのことを言ったりする。

運命について、「運命はある」と言う人もいれば、「運命などというものはない」と言う人もいる。

運命という言葉は誰もが知っているが、運命が存在するかどうかの意見は人によって大きく分かれている。


私達は生きていく上において、常に行動を起こしている。

そして、その行動においては、意識する意識しないに関わらず、常に判断し選択をしている。

その判断と選択の良し悪しが、成功と失敗、達成感と後悔、幸福と不幸とを分けることになる。

すなわち、判断と選択が適切であれば、成功、達成感、幸福という結果が得られることになる。よく、「運が良かった」と表現される場合が多い。

しかし現実においては、成功する時もあれば失敗する時もあるし、達成感を得られる時もあれば達成感を得られずに後悔する時もある。そして、幸福に感じる時もあれば、不幸に感じる時もある。

失敗や後悔、そして不幸は、判断や選択が適切でなかったからだと言うことができる。よく、「運が悪かった」と表現される場合が多い。

そこで、「運が良い時」と「運が悪い時」について、すなわち「運」についてもう少し考えてみたい。

●「運が良い時」の特徴

・一般的には何をやっても大抵うまくいく時、金回りがいい時、好調な時である。
・健康であり、仕事も順調で、遊びや飲む機会も多く、寄ってくる人も多い。
・誰でも受け入れようとするし、人を貶めたり悪口を言うことも少ない。
・気前がよく、困った人を見かけたら助けようとするし、また周囲を喜ばせようとするなど、自分自身の人間性が高い。
・公私に関係なく、新しくつき合う人達は人間性が高い人達を選択していることが多いし、従来からつき合っている人達はその時期はプラス思考でかつ人間性が高い時期が多い。
・人間性を高める良書とか仕事に役立つ知識(本や人からの助言など)に、不思議に巡り合える。
・周囲の人からの助言に感謝して、それを検討したり、参考にするなどして役立てる。

●「運が悪い時」の特徴

・一般的には何をやってもうまくいかず、金回りも悪く、不調な時である。
・健康に不安な時が多く、仕事や遊びや飲む機会も少なく、寄ってくる人も少ない。
・人を避けたり親交を断ったりするし、人を貶めたり悪口を言うことも多い。
・困った人を見かけても知らん顔したり、何やかやと周囲が行なうことにケチをつけるなど、自分自身の人間性が低い。
それなのに、それに気づかないし、それどころか自分は人間性が高いとさえ思っている。
・たとえ困った人を助けたくても、相手が望むようには助けることができない場合が多い。
・公私に関係なく、新しくつき合う人達は人間性が低い人達を選択していることが多いし、従来からつき合っている人達はその時期はマイナス思考でかつ人間性が低い時期が多い。
・人間性を高める良書とか仕事に役立つ知識(本や人からの助言など)に、なかなか巡り合えない。
たとえ、良書とか知識(本や人からの助言など)に巡り合ったとしても、それには決して従わない。

逆に、ありがた迷惑だと言わんばかりに排除するか、無視して取り合わない。
・特に注意しなければならないことは、「運が悪い時」には、煩悩(我)に基づいた欲望である「我欲」を満たそうとする行為をどうしてもしてしまい易い。
我欲は、たとえどんな卑劣な行為であろうとも正当化してしまう。

例を挙げると、

「俺が彼に嫌がらせや邪魔をするのは、彼が悪いことをしたから懲らしめているのだ。」

「私が彼女を非難するのは、彼女が悪いせいで、彼女に責任があるからなのよ。」

などと、自分の卑劣な行為を正当化してしまう。

そうすると、そのうち必ず不幸な(不運な)出来事が訪れることになる。


はたして、運命はあるのか。

繰り返しになるかもしれないが、
人間は勿論、海や山や川、動物や植物や鉱物など、この世にあるものは全て、因果律(因縁果報)により存在している。

これについては、誰も異存(異論)はないと思う。

原因があって、それに条件(縁)が加わって、結果となってあらわれる。

現れた結果が、さらに次の原因となって(報となって)展開していく。

この世は全て、因縁果報(因果律)により存在している。

そのため、「運命というものはなく、因果律による必然の経過しかなく、因果律による必然の結果しかない。」と主張する有識者も多い。

しかしそうではなく、逆に全ては因果律により偶然ではなく必然であるからこそ、そのことを「運命」と称しているのである。

もし、原因(言葉と行動)を変えたり、条件(縁)を変えたりすれば、あらわれる結果も因果律により必ず変わることになる。

このことを「運命を変える」と称しているのである。

さらに、運命を二つに大別している。

「宿業」と「運命」である。

「宿業」とは、人間の力では決して変えることが出来ないものを言う。

例えば、死ぬこと、老いることなどである。

これらは、全ての人が避けることができない定められた「業(ごう)」であるので「宿業」という。

次に「運命」とは、変えることが不可能ではないものを言う。

「運命」の運という字は、「運ぶ」という字であり、移す、移動する、つまり変えられるという意味である。努力しだいでは変えることが可能であるものを「運命」という。

「運命」を、さらに〝運命〟と〝宿命〟に分ける場合もある。

ここでの〝運命〟は完全に克服することができるものを言い、〝宿命〟は完全な克服はできないが、ある程度、これを変えたり、避けたりすることはできるものを言う。

とにかく、努力しだいでは変えることが可能であるものを「運命」という。

(三―一―二) 運勢

運勢も運命と同じように、大きく分けて二つの意味がある。
一つ目は、
運勢とは、その時の運命が「良い方向へ変化している」とか、「悪い方向へ変化している」とか、のように「運命が変化(変動)すること」を言う。

二つ目は、

運勢とは、変化(変動)の途中のある時点での運命の状態(幸・不幸)と、運命の変化の方向と強弱を言う。

一般的に、「運」は周期的に変化(変動)すると言われており、その変化は波形によく例えられる。

そして、８つの段階に分けることも多い。

- 普通の運の時　(普通運期もしくは平運気)
- 普通運期から上昇する時　(上昇運期)
- 運が良い時　(好運期もしくは吉運期)
- 好運期から普通運期に下降する時　(運の劣化期)
- 普通の運の時　(普通運期もしくは平運気)
- 普通運期から下降する時　(下降運期)
- 運が悪い時　(悪運期もしくは凶運期)
- 凶運期から普通運期に上昇する時　(運の回復期)

(三―二)　運と念力

「運」と「念力」は、非常に密接な関係があるという。

「念力」について、もう一度説明したい。

「念力」の「念」は、煩悩(我)に影響された私達の通常の思い(心の状態)のことであり、すなわち〝一つ目の「念」〟のことである。

全ての人に平等に生まれながらに備わっている完全なる念を獲得できる能力(機根)が、「念根」である。

念根の念をどれくらい発揮できるのかという、現時点での念の能力が「念力」である。

そして、念を「念根」と「念力」とに分け隔てているものが、「煩悩(我)」なのである。

そして、「運」と「煩悩(我)に影響された私達の通常の思い(心)」すなわち「念力」との関係だが、次のような関係があるという。

- 好運期や上昇運期の時は、親切で、温厚で、前向きで、心にゆとりがあり、人を憎んだり、怨んだりすることは他の運期の時よりも少ないし、悪口や陰口を言うことも少ないし、誰かを避けるようなことも少ない。
- 「誰それから嫌われているとか、邪魔されている」といったマイナスの心が生じることは少ないし、何か困った事が生じた場合、自分にも責任がある時には、決して誰かのせいにしたりはしないし、自分には責任がない時でも、責任がある人を糾弾するよりも、二度と同じ事が生じない方策を検討することに重点を置く。
- すなわち、相手のことを考え、相手が良くなるようにと考え、困った人を助けようとすることが多い。

  そして、仕事でも趣味でも、目標に向かって、「今、やるべきこと」に集中している。
- 好運期や上昇運期の時の心には、「将来は大丈夫だろうか、明日はどうなるだろうか」といったマイナス思考の「将来、明日」はない。プラス思考の「今、現在」しかない。

・それに対して、凶運期や下降運期の時の心は、我(煩悩)が出易い。とかく、不親切で、怒りやすく、後向きで、心にゆとりがなく、何かにつけて人を憎んだり、怨んだりするし、悪口や陰口をよく言うし、誰かを避けたりする。

・そして、自分の利益や地位を守るためには、他人はどうなっても構わず、ただ自分さえ良ければいいと考えているような〝卑劣な行為〟を行なう。しかも、そういう〝卑劣な行為〟を行なっても、本人は〝正当な行為である〟と誤解しているので始末が悪いのである。

・我(煩悩)が強い人ほど、人を騙したり嘘をついたり、人を強要したりしてでも、我を通そうとする。腕力がある者は腕力で、金や地位や名誉がある者は金や地位や名誉で、我を通そうとする。多数決が優先する現代社会では、それを悪用して自分と同類の仲間を集めて我を通そうとする。

・そして、仕事でも趣味でも、目標に向かうよりも、「明日や将来」に心が囚われている。心には、プラス思考の「今、現在」はなく、マイナス思考の「明日、将来」しかない。そのため、思い煩い、人と争い、人を憎んだり、怨んだり、傷つけたりする。

・それを続けていると、たとえ良い運を持って生まれてきたとしても、そのうち必ず良い運を失ない、凶運期や下降運期が常態化するようになる。すなわち、健康の損失を始めとして、自分自身はもとより、身近な人達もしだいに衰退していく。

・さらに、子孫にも影響を及ぼす。まさしく「易経」にあるように、「積不善の家には必ず余殃あり」が現象化することになる。すなわち、不善(悪徳)を行なうと、本人がその報い(健康や金銭を失ったり、環境などの悪化)を受けるだけではなく、本人から余りあふれて、子孫にまでその影響(報い)が及ぶことになる。

運命学では、人の運期は決まっていると言われている。

しかし、好運期や上昇運期の時に、凶運期や下降運期の時の心グセを出すと、運が損なわれてしまい、その結果上昇するはずの運は上昇しないと言われている。

反対に、凶運期や下降運期の時に、好運期や上昇運期の時の心を保つと、すなわち心グセを出さないように心掛け、相手のためになるように考えて行動していると、運がうまく保たれて、運は下降しないと言われている。

凶運期や下降運期の時の心グセである、憎しみ、怨み、復讐の思いを、煩悩(我)と言う。

繰り返しになるが、
人は誰でも、煩悩(我)という自己中心的な精神(心と心の作用)を持っている。

一つ目の「念」は、私達の通常の〝思いという心の働き(心の作用)〟であり、すなわち煩悩(我)を伴った〝今この瞬間の思い(心の状態)〟のことを指している。

そして、煩悩(我)の発現の有り無し、大小多少に応じて、私達は幸福になったり不幸になったりもする。

一つ目の「念」である「今この瞬間の思い(心の状態)」は、そのまま肉体と行動に影響を及ぼす。そして、それが積み重なって、5年後、10年後の自分の健康状態や環境、すなわち人生(運命)になる。

ここで注意しなければいけないのは、思い(心の状態)というのは今この瞬間でしか形成することが出来ないということである。そして、行動も今この瞬間でしか形成することが出来ない。

そうであるからこそ、マイナス思考の「明日、将来」ではなく、プラス思考の「今、現在」を心がけないといけない。

(三―三)　想念の現象化とその仕組み

自分で強く思った(願った)ことが実際にその通りに実現したという経験を持つ人や、たとえ自分にはそういう経験はなくても、そういう経験を持つ知人がいるという人は案外多いのではないかと思う。思った(願った)ことがそのまま実現しなくても、何らかの効果(影響)があったということならば、誰でも多かれ少なかれ経験しているものと思われる。

そういう経験が多い人ほど想念(思い)の力をよく認識し、私生活や仕事や人間関係にうまく役立てている。

しかし、なかには自分の欲望(我欲)を達成するために、想念(思い)の力を悪用して他人を陥れたり他人に損害を与えたりする人達もいる。

人間誰でも大脳に想念(思い)の送信器官と受信器官の両方を備えているが、両方とも機能している人はごく稀である。

ほとんどの人は、いずれか一方だけが機能している。

信心深く、神仏の心(声)に従おうと心掛けている人は、想念(思い)の受信器官が機能している場合が多く、神仏の心(声)に叶うという利点がある一方、他人の想念(思い)に影響され易い。

また、ポーカーなどの賭け事が得意な人は、想念(思い)の送信器官が機能している場合が多く、他人の想念(思い)に影響を及ぼし易く、自分の考えを主張しやすいという利点がある一方、想念(思い)で人を操り、我欲を達成しようと、想念(思い)を悪用する間違いを起こし易い。

昔から、想念(思い)で人を操り、我欲を達成しようとした人は、結局はこの世の厳然たる法則である因縁果報(カルマの法則)に従って、必ず結果的に苦しむ事態が生じている。

想念(思い)は目に見えないので、悪用しても人には知られにくいし、証拠も残らない。

そのため、我(煩悩)が多く強烈な人ほど我欲にかられて、悪用しようという誘惑に負けやすい。

もっとも、想念(思い)を悪用する人は我欲を正当化する傾向が強いので、自分や家族に後悔する事態や苦しむ事態が生じて悪用できなくなるまで平然と悪用し続ける。

想念(思い)の力を悪用してそれがうまくいくと、あたかも「特殊な技術や能力」であるかのように誤解して、何回でも繰り返すようになる。

目に見えないので悪用しても人には知られにくいし証拠も残らない想念(思い)は、そういう性質上、目に見える暴力や詐欺などの悪事よりも確実に早急にカルマの法則が発動する。

そして、悪用を繰り返して限界まで達した段階で必ず大きな後悔する事態や苦しむ事態が生じる。

その段階では、もう取り返しのつかない事が多い。

そのため、想念(思い)の力を我欲を達成する目的で悪用しては絶対にいけない。

次に、強く思った(願った)ことが実際に実現する「想念の現象化」の仕組みを簡潔に説明しようとすると、次のようになる。

(三―三―一)「想念の現象化」の仕組み(その1)

「想念の現象化」の仕組みの一つ目は、想念(思い)とは、想念エネルギーという一種の波動エネルギーであることがそうである。

①．想念(思い)は、想念エネルギーという一種の波動エネルギーである。
しかし残念ながら、想念エネルギーを科学的に測定できる装置はまだ開発されていない。
科学的に測定できないものに対しては、多くの人は存在しないと判断してしまう。
しかし、宇宙や素粒子の世界では最先端の科学でもまだ分かっていないことが多いので、科学的にまだ測定できないものでもその存在を否定する研究者はまずいない。
想念は周囲に影響を及ぼすことより、想念エネルギーという一種の波動エネルギーなのである。

②．その一種の波動エネルギーである想念エネルギーによって、「想念の現象化」が生じるのである。

(三―三―二)「想念の現象化」の仕組み（その2）

「想念の現象化」の仕組みの二つ目は、想念(思い)には、大きく分けて4種類というか、4つのランクの質的強度(エネルギーの強さ、影響力)があり、それらに応じて様々な「想念の現象化」が生じる。

人間の思い(想念)は、電波と同じように、想念エネルギーという人間の心が発する一種の波動エネルギーであると言われており、本人だけではなく、周囲の人達にも影響を及ぼす。そして、思い(想念)が強ければ強いほど、その影響力も大きい。

たとえば、心配、怖れ、憎しみなどの我(煩悩)は、思い(想念)の中でも質的強度(エネルギーの強さ、影響力)が大きいので、思いを発した本人の心身や周囲に現象化してしまう。

そのため、心配や怖れが現実化したり、心身全体の機構や機能にも影響を及ぼし、場合によっては、心身の不調や病気をも生じさせることがある。

思い（想念）は、質的強度（強さ、影響力）の違いによって4つのランクに分類される。

①．第一のランクの思い（想念）は、日常誰でも行なっている「何気なく思う」ことが挙げられる。

私達は、常に何かを思っており、それは途切れることがない。

座禅や瞑想を経験した人はよく分かると思うが、何も考えないように努めても次から次に雑念が湧いてくる。この雑念は意識の奥（潜在意識、深層意識）に隠れていたものが表面（顕在意識）に出てくるためである。この意識の奥に隠れているものは、この世に生まれてから経験した様々な出来事やその時の感情や思いはもちろんのこと、前世で経験した様々な出来事やその時の感情や思いもあると言われている。

それらの中には、我（煩悩）の因子（種）になっているものもある。それらの雑念が、日常生活において常に湧いてくるのである。

また日常生活において五感を通して入ってくる外部情報を、我（煩悩）や知識や感受性といったフィルターを通して受け取り、それに反応して思う場合もある。

または、過去の出来事を思い出して思う場合もある。

それらの多くは、単発的であり突発的である。

この場合の「何気なく思う」思い（想念）は、私達自身の嗜好性や性向・記憶・理解力、さらに恐れ・偏見・自己限定などの我（煩悩）に影響を受けている。

特に、我（煩悩）の影響は大きく、我（煩悩）に翻弄されて「何気なく思っている」と言っても過言ではない。

それらの一つ一つの思いは短時間なので「短い線」として表現できるが、短時間ながらも次々に思っているので断続的な「一次元である鎖線」として表現できる。

②.第二のランクの思い(想念)は、ある一つの「思い」を長時間にわたって思う場合とか、一つの「思い」をたびたび繰り返す場合が挙げられる。
たとえば、五感を通して入ってくる外部情報が重大な場合や深刻な場合においては、「思い」を長時間にわたって続けたり、繰り返す場合がよくある。

また、五感を通して入ってくる外部情報に触発されて過去の嫌な記憶が甦り、その結果、後悔や憎しみ・怨みなどの我(煩悩)に悩まされ翻弄されて、長時間にわたって「思い」を続ける場合がある。

この場合の思い(想念)は、質的強度(強さ、影響力)が第一の「何気なく思う」思い(想念)よりも大きい。そのため、連続性の「一次元である線」に例えることができる。

質的強度(強さ、影響力)が大きいということは、それに応じて我(煩悩)の影響も大きいことを意味する。

③.第三の思いは、第二の思いに加えて、意志(意識)を伴なう場合である。
例えば、何かの折に仕返し(復讐)をしてやろうという意志(意識)を伴なう場合である。

この場合の思い(想念)は、質的強度(強さ、影響力)が飛躍的に大きく、そのために第二の思い(想念)よりも次元が1ランク高い「二次元の面」として表現できる。

意志(意識)が強ければ強いほど、質的強度(強さ、影響力)は大きくなる。

特に、我(煩悩)である怒り、憎しみ、嫉妬の感情を伴った意志(意識)は強烈なので、質的強度(強さ、影響力)は強烈かつ大きい。

④．第四の思いは、第三の思いに加えて、臨場感のある映像化(イメージ化)を伴なう場合である。この場合の想念(思い)は、質的強度(強さ、影響力)がさらに大きく、第三の想念(思い)よりも次元がさらに1ランク高い「三次元の立体」として表現できる。映像化(イメージ化)が鮮明であればあるほど、臨場感が強ければ強いほど、質的強度(強さ、影響力)は強く大きくなる。

人間の思い(想念)は、第一、第二、第三、第四とランクが上がるにつれて、別次元のように飛躍的に強烈に質的強度(強さ、影響力)が大きくなってくる。

本人はもちろんのこと周囲の人達にも、飛躍的に強烈に大きな影響を及ぼす。そうして、「三次元の立体」として表現できる〝質的強度が最大級の第四の思い〟は、まさしく現実世界(三次元世界)に形となって現実となって、現象化(実現)するのである。

もう一度注意するが、

「思い(想念)・希望・願望が実現(現象化)すること」と「幸福」とは、必ずしも一致するとは限らないのである。

「思い(想念)・希望・願望」が我欲(私利私欲)に基づく場合や、他人を陥れたり、他人を騙したりする場合には、必ず自分自身にその報いである不幸(損害、苦しみ、災厄)が訪れるということを忘れてはならない。念頭に置かなければならない。

さらに、その報いである不幸(損害、苦しみ、災厄)は、自分自身から余りあふれるようにして、身近な人達(親兄弟や子や孫)にも訪れるということを忘れてはならない。

反対に、「思い(想念)・希望・願望」が利他(世のため、人のため)に基づく場合には、必ず自分自身にも、身近な人達にも幸福(恩恵)が訪れる。

第五章　定根と定力と定の五根五力法

第五章　定根と定力と定の五根五力法

（一）　定根（じょうこん）と定力（じょうりき）

定（じょう）というのは、仏教用語では瞑想のことを指す。
しかし、定（じょう）は、瞑想と言っても色々な意味で使われる。
① 瞑想の実践（修行）自体を指す（意味する）場合
② 瞑想で、心を一つの対象に集中し、心の散乱がない精神状態になる場合
などがある。

ここでの定（じょう）は、①の瞑想の実践（修行）自体のことである。瞑想（定）もやはり、解脱するためには必要不可欠な実践（修行）法である。瞑想と言うと、すぐ頭に浮かぶのは「ヨガ」と「禅」である。

- 「ヨガ」とは、心身を鍛錬によって制御し、精神を統一して、解脱（輪廻からの解放）を達成しようとする古代インド発祥の伝統的な宗教的行法である。
　ヨガは、一説には紀元前２５００年～１８００年のインダス文明に、その起源がさかのぼるとも言われている。

そして、ヨガはインドの諸宗教で行われており、仏陀釈尊も修行したと伝えられている。当時のインドの修行者達にとっては、必修科目と言ってもいいほどヨガは修行されていたと考えられる。今もその名残りがある。

仏教に取り入れられたヨガの行法は、中国にも伝えられ、ヨガの瞑想のディヤーナが中国風に色付けされ、「禅」(坐禅)と称されて今日まで実践されている。

- 「禅」は、日本では鎌倉時代に中国から伝えられた臨済宗と曹洞宗、江戸時代に伝えられた黄檗(おうばく)宗などにおいて、最も重要な修行の一つとして現在も厳しく実践されている。
- ヨガの聖典とも言われている「ヨーガ・スートラ」では、瞑想によって心の動きをしっかりと抑制することがヨガであるとされている。
- そのために、瞑想(精神集中)をするわけだが、精神集中への心理的過程を、制感・凝念・静慮・三昧の４つの段階に分けている。
- このうちの制感は身体的要素もあるので、凝念・静慮・三昧を特に瞑想の三段階と称している。
- 第二段階の静慮(ディアーナ)は、中国では禅那と音訳し、略して禅と言う。静慮の瞑想法としては、まず「意識の集中」を行ない、その後に観想すなわち「意識の拡大」を行なう。

　その際の観想すなわち「意識の拡大」は意識的に行ない、その境地の獲得を目指している。

- 三昧は極限の境地であって、主観と客観とが一体となったものとされている。三昧(サマーディ)の瞑想法としては、具体的には記されていない。
- 仏教の一派である密教の瞑想法は、ヨガの瞑想法とは異なっているが、「意識の集中」を行ない、その後に観想すなわち「意識の拡大」を行なう手順は同じである。
その際の観想すなわち「意識の拡大」は、静慮の瞑想法と同じように意識的に行ない、その境地の獲得を目指している。
- 仏教の二大流派である大乗仏教(チベット仏教も含む)と上座部仏教においては、古来、三昧(サマーディ)を達成するのは極めて難しいとされており、それだけで一生を捧げることになるケースも珍しくないと言われている。
- 三昧(サマーディ)の達成は極めて難しいために、多くの仏教教団・仏教宗派は、サマーディを必ずしも視野に入れない(必修とはしない)教団・宗派独自の修行法によって運営されている。
また、三昧(サマーディ)も視野に入れている教団・宗派においては、三昧(サマーディ)を最高ランクの解脱の一歩手前の段階と解釈している傾向が見られる。
それらは残念ながら、仏陀釈尊や直弟子達がご活躍されていた初期仏教当時の修行法とは大きく変貌してきている。

古来、初期仏教当時の修行法を「三十七菩提分法」と称して、修行法の名称だけは伝承されてきたが、修行法の具体的な内容は伝承途中で大きく変貌してきている。

当時の修行法は全て口承や実地指導で伝えられており、代々の師匠から弟子への伝承途中で、もし伝えられた修行者が誰も達成できない事態が生じてしまうと、その時点で、修行法の一部は失われ、一部は形を変えて伝承されることになるのである。

・ヨガにおいても、三昧（サマーディ）を達成するのは極めて難しいとされているが、それでも三昧（サマーディ）を達成した後に、サマーディの状態で行なう修行法が「ヨーガ・スートラ」の中にはいくつか見られる。そして、その延長線上に解脱があるとされている。
そして何よりも、三昧（サマーディ）を達成するための修行法があちこち散見される。残念ながら体系化していないことに加えて、当然のことながら具体的な方法（やり方）は記されていないので、そういう目で見ないと見落としてしまう。

・仏教ではどうであろうか？
二大流派である大乗仏教（チベット仏教も含む）と上座部仏教においては、筆者が調べた限りではサマーディの状態で行なう修行法はない。

言葉や名称の上では名残りはあるが、サマーディの状態で行なう修行法はない。サマーディの状態を目指し、それに近づけてから行なう修行法はある。

または、サマーディの状態を目指し、それに近づくことも視野に入れている修行法はある。もしかすると、伝承途中で変貌したのかもしれない。

例えば、「意識の集中」を行なうことを、「定に入る」と言う。密教系統の宗派では、「定に入って、法をかける」という言い方をよくする。

しかし残念ながら、ここでの「定」は「意識の集中をできるだけ高める」ことでしかなく、三昧(サマーディ)の達成ではない。

それに対して、何と初期仏教当時の修行法である「三十七菩提分法」には、それがちゃんとある。

- 筆者は27才の頃に、通説では仏陀の呼吸法とされた「安那般那念経」に出会った。それから数年の後、「安那般那念経」は、初期仏教当時の定(瞑想)の修行法である四神足ではないかと気付いた。さらにそれから5~6年の後に、新興宗教である阿含宗の桐山靖雄師が「安那般那念経」は四神足であるという本を出版された。その時筆者は、自分の考えに同調する心強い援護者を得たと思った。ここで断っておくが、筆者の方が桐山師よりも早く気付いたと言いたいのではない。当然のことながら、桐山師は本を出版される前に気付いたのであり、それがいつなのかは分からない。
また、筆者がこれに気付いたキッカケは、病気を患ったことや、大学の空手部の敬愛している1年後輩から、ヨガや仏教などの〝精神世界〟を紹介されたことや、退院後から手当たり次第に読んだ書籍、特に中村　元先生の本、桐山師や佐保田鶴治師や池見酉次郎先生などの本などがベースにあったからである。筆者独自で気付いた訳では決してない。

それを踏まえて、それでも筆者が言いたいのは、どの分野でもそうであるが、一つのあるアイデアを誰かが思いつくと、ほかにも同じ時期に別の場所で、同じように思いつく人が何名か出るものである。

今のところ、名乗り出たのは筆者と桐山師の二人だけだが、ほかにも思いついた人は何名かいるはずである。

(外国で、すでに本や論文等で発表されている可能性はあるが、筆者はそこまでは調べていない。)

しかし、桐山師の解釈は、宗教指導者としての立場からだろうと思われるが、概要の提示だけであり、具体的な内容については示されていない。

その当時、筆者は四神足のかなり高度な段階を修練中であり、それまでの過程を振り返って、四神足は三昧(サマーディ)の瞑想法であることにも気付いた。

すなわち四神足は、三昧(サマーディ)を達成するための修行法(瞑想法)でもあって、初心者でも段階を追って三昧(サマーディ)を達成できる〝体系的かつシステム的な修行法〟であることに気付いた。

そして、三昧(サマーディ)を達成できた後に、サマーディの状態で行なう修行にもなっており、大きく二つの修行段階で行なう構成になっている。

仏陀釈尊は、ご自身のヨガの修行体験から、多くのヨガの修行法の中から、特に効果があり、しかも比較的実践し易い修行法を取り入れたものと思われる。

そうして、初心者でも段階を追って三昧(サマーディ)を達成できる、体系的かつシステム的な修行法を完成されていたのである。

さらに、三昧(サマーディ)を達成できた後に、サマーディの状態で行なう修行法も組み込まれている。

それが、「四神足」である。

その「四神足」を再現しようと試みた経緯と内容を提示したのが、筆者の第一作である「四神足瞑想法」である。

何度も言うようだが、現代においては一部は失われ、一部は形を変えて伝承されており、仏陀釈尊や直弟子達の初期仏教当時の修行法とは大きく変貌してきている。

しかし、このことを認めたくない人達がいることもまた事実である。仏陀釈尊の教えを今日に至るまで連綿と守ってきたと自負されている上座部仏教の関係者が、決してそうではないことを信じたいし、そしてそれを願っている。

筆者の第一作である「四神足瞑想法」を、〝ヨガの修行法と仙道の修行法をミックスした筆者オリジナルの修行法〟であるという意見もあるが、決してそうではない。

その理由は明白である。

筆者自身決して卑下するつもりはないが、それでも筆者のような普通の一般人では、独自で考えつくことなど勿論できないし、ヨガや仙道の多くの修行法の中から適切な修行法を選択し、さらに独自な修行法を加味するなどして、それまでになかった体系的かつシステム的な修行法を一人だけで編成することなど絶対にできないからである。

確かに、「四神足瞑想法」で筆者が開示した具体的な方法(やり方)の一部は、ヨガや仙道の文献は勿論のこと、どこかの文献に記されているという話は聞いたことはない。

そのため、人によっては、筆者オリジナルの修行法と誤解し易いのかもしれない。しかし、筆者が開示したそれらは、口承や実地指導で伝えられていた方法(やり方)の中におそらくあったのではないかと思っている。

(解説) 大乗仏教と上座部仏教

大乗仏教と上座部仏教については、立場の違いや解釈の違いから様々な説明がなされている。

ここでは、できるだけ中立的な立場で説明したい。

仏陀はその教えを各地で説いたが、何も書き残さなかった。

仏陀が語った言葉は、古代マガダ語と言われている。

仏陀の入滅直後、５００人の弟子がラージャガハ(王舎城)の七葉窟に集まり、仏陀が説いた教法と戒律が確認される。十大弟子のマハーカッサパ(摩訶迦葉)が座長になり、アーナンダ(阿難)が記憶していた仏陀の教法を口述し、それを弟子達全員でその記憶が正しいかどうかを議論して教法はもとめられた。

その教えが「経」であり、如是我聞(私はこのように聞いた)で始まる。

これを第一結集(けつじゅう)という。

第一結集とは、第一回目の編集会議と言ったら理解し易いだろう。

「経」は、数百年間、口承で伝えられたという。

紀元前１００年頃、口承で伝えられた「経」は、スリランカで初めてパーリ語の経典「ニカーヤ」(「アーガマ」ともいう)として編纂される。

「ニカーヤ」の一部は中国に伝えられ漢訳されて、「阿含経」と呼ばれる。

仏陀入滅約１００年後、仏陀が説いた教えのみを正当と主張する「上座部」(上座部仏教)と、時代に応じて伝統を改変すべきと主張した「大衆部」(大乗仏教)に分裂する。(紀元前２８０年頃)
上座部仏教はスリランカを経て、東南アジアのタイ、ミャンマーなどに広がる。
そのため、上座部仏教は南伝仏教とも言われている。

大乗仏教は中国を経て、チベット、韓国、日本などに伝わる。

大乗仏教は北伝仏教とも言われている。

そして七世紀頃、インドでヒンズー教の影響を受けた密教が興り、チベット、ブータン、中国、韓国、日本に伝わる。

チベットでは、密教が民族信仰と融合してチベット仏教となり、八世紀に国教となってから現在にいたるまで、大多数のチベット人が信仰している。

そして、チベット仏教はブータンにも伝わり、国教として信仰されている。


仏陀の教えに近いとされる経典「アーガマ」を持つ上座部仏教に対抗するため、大乗仏教は自らの正当性を主張する必要性があって、仏陀の教えに正当性を織り込んだ独自の大乗経典を創作する。

その際、ゾロアスター教やバラモン教、ヒンズー教なども参考にし、取り入れている。

ゾロアスター教の至高神アフラ・マズダは六道輪廻の世界の一つである修羅界の王の阿修羅となり、バラモン教とヒンズー教の神インドラは同じ六道輪廻の世界の一つである天界の王の帝釈天として、ともに仏教の守護神として信仰されている。

紀元前100年頃からインドで仏教が衰退する十三世紀までの1400年間で、8万4000と言われる膨大な大乗経典が創作される。

また、それらの経典をもとに多くの解説書が生まれ、それぞれの思想が理論的に展開された。

色即是空で有名な「空思想」、誰もが仏陀になる可能性を秘めているとする「如来蔵思想」、すべては意識(心)から生まれるという「唯識思想」などが説かれた。

それでは、「定根」と「定力」とは何か？

それは第一章で解説したように、
・全ての人に平等に生まれながらに備わっている完全なる定を獲得できる能力(機根)が、「定根」である。
具体的には、三昧(サマーディ)を達成する能力(機根)も「定根」である。

ただし、サマーディには、いくつかの段階と言うか、いくつかの種類がある。

そのため、ここでは全ての三昧(サマーディ)を達成する能力(機根)のことである。
・定根の定をどれくらい発揮できるのかという現時点での定の能力が、「定力」である。
・そして、定を「定根」と「定力」とに分け隔てているものが、「煩悩(我)」なのである。

(二)　定の五根五力法

先に、定(じょう)というのは、瞑想のことであると説明した。

繰り返しになるが、
代表的なものにヨガの静慮(ディアーナ)があり、大乗仏教の中国では禅那と音訳し、略して禅と言う。

静慮の瞑想法としては、まず「意識の集中」を行ない、その後に観想すなわち「意識の拡大」を行なう。

その際の観想すなわち「意識の拡大」は意識的に行ない、その境地の獲得を目指している。

また、三昧は極限の境地であって、主観と客観とが一体となったものとされている。三昧（サマーディ）の瞑想法としては、具体的には記されていない。

そして、「定根」とは、全ての人に平等に備わっている完全なる定（瞑想）を獲得できる能力（機根）のことであると説明した。

さらに、「定力」とは、定根の定をどれくらい発揮できるのかという、現時点での定（瞑想）の能力のことであると説明した。

それでは「定の五根五力法」は何かというと、人の定力（現時点での瞑想の能力）を、定根そのものの能力まで発揮できるようにする修行法のことをいう。

具体的には、「定の五根五力法」とは、仏陀の修行法でいうと主に「四神足」のことである。「四神足」とは、欲神足、勤神足、心神足、観神足の四つのことである。

- 「欲神足」とは、心と体を修行に入ることが出来るように調節する技術である。その修行過程で獲得した瞑想技術を、さらに加味して行なう。
- 「勤神足」とは、心と体をさらに深い修行に入ることが出来るように鍛錬する技術である。すなわち、高度な心身調節技法であり瞑想法である。
- 「心神足」とは、修行が進み肉体の感覚が薄れてきて、心（意識）の領域が拡大する高度な瞑想法である。

・「観神足」は、主観と客観とが一体となる高難度な修行法であり、サマーディ瞑想法でもある。
さらに、三昧（サマーディ）を達成できた後に、サマーディの状態で行なう修行法であり、これを完全に成就した時、我（煩悩）は完全に解消し「大生命」と一体になると言われている。

即ち、我（煩悩）を完全に解消して「大生命」と一体になることができた時が、完全に成就した時であると考えられる。


「四神足」については、筆者の著書「四神足瞑想法」において詳しく解説している。

(三)　瞑想の歴史

瞑想の起源については、多くの有識者がいくつかの説を唱えている。

その一つが、チャールズ・ダーウィン（１８０９～１８８２）の有名な「進化論」の延長のような説であり、筆者もこの説に共感している。

それは、次のような内容である。

約20万年前の地球上に、言語を駆使する能力を獲得した人類が誕生した。言語を駆使する能力により、人類の知性は飛躍的に高度に発達した。

その知性が、思考する能力、判断する能力、選択する能力、想像する能力、はては妄想する能力さえもたらした。

そうして、人類は誰にでも必ず訪れる「死」を自覚するようになった。

人類以外にも、象や猫などの高等な哺乳類は、年老いて死期が迫まると「死」を自覚できるとも言われている。

そのために、死期の迫った象や猫は死に場所を探して、どこかに行ってしまうことがあるとも言われている。

しかし、象や猫などの高等な哺乳類よりも、さらに高度な知性を持った人類だけが、若い時分でも「死」を想像することができ、「死」を思考できるようになった。

その結果、「死ぬこと」への不安、「死んだら自分はどうなるのか」とか「残された家族や縁者はどうなるのか」という「死後の不安」を覚えるようになった。

そのことが、「死者を弔う、死者を祀る」を始めとした宗教心を芽生えさせる契機になり、宗教と密接な関わりがある瞑想が行われるきっかけになった。


次にもう一つ、宗教学者の鎌田東二氏の説を紹介したい。

「狩猟・漁猟を行っていた人々が、その技術を向上させるために修練し、それが武術や武道、スポーツとなり、また宗教的な行や瞑想になっていったと考える。

生きるためには食べる必要があり、人は生きるために命を殺害し、命を食べることは、命がけの宗教的・呪術的行為でもあった。

狩猟は命の交換の行為であり、狩猟民は、命がけで動物たちとの戦いに挑み、その中で自然への畏怖の気持ちを高め、同時に恐ろしい動物を前にしても立ち向かうことができるよう、自己をコントロールし、動物と戦うために自己と戦わなければならなかった。

このような心のコントロール・制御の方法を開発する道程から、夢見法や瞑想、観想が生まれ、さらにそのような集中や制御が、止観や禅を生み、山を歩き走ることが、山岳跋渉（ばっしょう）や修験道を生んだと考える。」

これら二つの説にあるように、人類は生活していく上で必要不可欠なものとして、宗教を生み出し、宗教と密接な関わりがある瞑想を行なうようになったと考えられる。

（解説）　瞑想

「瞑想」（瞑想する）とは、外界に向けていた心（意識）を、自分（心）の内側すなわち内界に集中して、その心（意識）を、深い意識（潜在意識・深層意識）まで深めていくことである。

「瞑想の状態」とは、そういう深い意識の状態になることである。

「瞑想の状態」には、いくつかの段階（種類）がある。

大まかには、次のような段階がある。

（第一段階）　心身ともにリラックスした状態

（第二段階）　心身ともにリラックスした状態よりも、さらに深く沈んだ特殊な意識状態催眠中にも見られるという一種の「トランス状態」である。

（第一段階）や（第二段階）の状態になると、次のような現象（効用）が生じる。そして、段階が進むほど、これらの現象（効用）は早く発現し、かつ鮮明になる。

① 心身が弛緩し、リラックスする。
② 意識（心）が安定して、一つの対象に集中できる。
③ 忘れていた過去の記憶が、鮮明によみがえる。
④ 意識することなく危険を避けるなど、本能的・直観的な能力が高まる。
⑤ 自分自身の思考、行動、感情を、客観的に判断できるようになる。
⑥ 自分の心身を意識（心）でコントロールできる条件の一つを得ることができるようになる。
⑦ 被暗示性が高まって、心身双方の交流が良くなり、心身の悪癖やひずみの解放・修正ができる条件の一つを得ることができるようになる。

さらに、
⑧ ストレス症である様々な心身症を癒す効用がある。
⑨ 脳の働きを良くする効用

（第三段階）　「三昧（サマーディ）」（主観と客観が一体となった状態）瞑想する主体と瞑想対象とが融け合ったような合一感として体験される。

「三昧（サマーディ）」には、いくつかの種類があり、これについては後の項目で詳しく説明したい。

（四）「三昧（サマーディ）」（主観と客観が一体となった状態）

筆者の著書「四神足瞑想法」の読者感想文の一つに、非常に参考になる文章があった。

実は、筆者はそれを目にした瞬間、非常に驚き、そして感動し、深く感謝した。

その訳は、
筆者は、「四神足瞑想法」の中で、実は初心者でも段階を追って三昧（サマーディ）を達成できる体系的かつシステム的な修行法の一つを紹介している。

残念ながら、〝三昧（サマーディ）瞑想法〟と銘打って紹介していないので、そういう目で見ないとなかなか気づきにくいとは思う。

その元（証拠）となった仏典（仏陀釈尊の教え）が、「安那般那念経」である。

そして、三昧（サマーディ）を達成できた後に、サマーディの状態で行なう修行法も紹介しているのだが、これはあくまでも筆者自身が体験した手順（方法）をまとめたものである。

確かに「安那般那念経」の行間を読み解けば、そこにはサマーディの状態で行なう修行法も読み取れるのだが、それはあくまでも筆者だけの解釈であって、全ての人に納得してもらえる確たる証拠はない。

そのため、三昧（サマーディ）を達成できた後に、サマーディの状態で行なう具体的な証拠（修行法）を仏典の中に探し求めていた。

少なくとも三昧（サマーディ）に準ずる状態まで達成できた後に、その状態で行なう具体的な証拠（修行法）を仏典の中に探し求めていた。

その長年探し求めていたものが、何と読者感想文の中にあったのである。

ここで、少し脱線するが、

サマーディの状態で行なう具体的な証拠(修行法)ではないが、サマーディの状態で行なう仏教の行法は、大乗仏教にいくつか伝えられている。

その中の一つが、定に入って行なう(修する)祈願法である。

例として、

- 密教系の行法である護摩行(護摩法)がある。

定に入って、行者自身が不動明王などの仏様と一体になるというか、変身することでようやく不動明王のお力を発揮することができ、人々の願い(祈願)を叶えるという。

この場合の〝定に入(い)る〟は、〝精神を統一して、何事にも気持を動かされない境地にはいる〟ことであるが、本来の境地は「三昧(サマーディ)の境地」であり、少なくとも「三昧(サマーディ)の境地に準ずる境地(一歩手前の境地)」であるという。

習いたての護摩行(護摩法)では、力を発揮できないと言われている。習いたての護摩行(護摩法)は、〝定に入る〟ことが出来ないので、単なる観想(想像)による仏様との一体というか、自己暗示による仏様との一体なので、効果は少ないと言われており、そのために行者は常日頃から厳しい修行を行なっているという。

話を元に戻したい。

その長年探し求めていたものが、何と読者感想文の中にあったのである。
それは、〝パーリ語仏典の四神足相応〟という個所の、「四神足を実践する際の要領」について釈尊が語った文章である。

その文章は、もしかすると多くの人は、〝一見すると具体的なようにも見えるが、ところがよく見ると何を語っているのかサッパリ分からない〟と、感じるかもしれない。

それでは、その文章を以下に示す。
「では、どのような因、どのような縁を得る時、神足を修習するであろうか？
そこでわたしはこう実践したのである。

ここでわたしは

1．欲三昧勤行成就の神足を修習するとしよう。

それはこのようにしたのである。

わたしの意欲は精勤に過ぎるということはなく、
また退縮に過ぎるということはなく
内側に収まることとなく
外側に散らばる事はないとし、

前後に想があってとどまっていて、
後ろは前のように
前は後ろのように
上は下のように
下は上のように
夜は昼のように
昼は夜のようになった。
このように広大で纏わりつかない心によって光り輝く心を修習した

2. 勤三昧勤行成就の神足を修習するとしよう。

それはこのようにしたのである。

わたしの意欲は精勤に過ぎるということはなく、
また退縮に過ぎるということはなく
内側に収まることとなく
外側に散らばる事はないとし、
前後に想があってとどまっていて、
後ろは前のように
前は後ろのように

上は下のように
下は上のように
夜は昼のように
昼は夜のように
このように広大で纏わりつかない心によって光り輝く心を修習した

3. 心三昧勤行成就の神足を修習するとしよう。

それはこのようにしたのである。

わたしの意欲は精勤に過ぎるということはなく、
また退縮に過ぎるということはなく
内側に収まることなく
外側に散らばる事はないとし、
前後に想があってとどまっていて、
後ろは前のように
前は後ろのように
上は下のように
下は上のように
夜は昼のように

昼は夜のようになった。
このように広大で纏わりつかない心によって光り輝く心を修習した

4. 観三昧勤行成就の神足を修習するとしよう。

それはこのようにしたのである。

わたしの意欲は精勤に過ぎるということはなく、
また退縮に過ぎるということはなく
内側に収まることなく
外側に散らばる事はないとし、
前後に想があってとどまっていて、
後ろは前のように
前は後ろのように
上は下のように
下は上のように
夜は昼のように
昼は夜のようになった。
このように広大で纏わりつかない心によって光り輝く心を修習した」

先に、〝具体的なようでいて、一見すると何を語っているのかサッパリ分からないような文章とも受け取れる。〟と書いたが、それは文章(言葉)にはどうしても表現力の限界があるためである。

人間には、言葉(文章)を道具として何かを表現したり、ほかの人に伝達する能力が備わっている。しかし、言葉(文章)では何かを厳密には表現できないのである。そういう意味では、言葉(文章)は不自由なものであり、不正確なものである。

事物の現象を表現する道具(手段)として、ある分野においては言葉(文章)よりも優れている図形や数式を人類は工夫し発明してきたけれども、自分の思いや知識や思想や感覚を表現する道具(手段)としては、言葉(文章)が最良と言ってもいいと思う。

それでもやはり、言葉(文章)は不自由なものであり、不正確なものである。

特に、瞑想法のような直感的・感覚的な知識(技術)は、言葉(文章)ではどうしてもうまく伝えることが出来ない。そうした中で、上記の釈尊の文章は、非常に具体的で分かり易いものである。

実は筆者は、上記の釈尊の文章を目にした瞬間、非常に驚きそして感動した。

それというのも、筆者は、筆者の第一作である「四神足瞑想法」の〝第五課程　クンダリニーを活動させて、「明星」を発現させる技法〟の中の、〝上級編　気(のエネルギー)を用いた「明星」の発現技法〟を文章化する際に、各段階における自分の意識(心)の状態や意識(心)の変化を具体的に表現することに非常に苦しんだからである。

そして、うまく表現することができない自分の表現力のなさを痛感させられた。そのため、〝もどかしさ〃や〃物足りなさ〃をずっと感じていた。
それが、上記の釈尊の文章を目にした瞬間、その〃もどかしさ〃や〃物足りなさ〃が氷解した。
上記の釈尊の文章は、筆者が長年探し求めていた〃そのもの〃だったからである。

「四神足瞑想法」の第五課程の中の、〃上級編　気(のエネルギー)を用いた「明星」の発現技法〃の一部をここに抜粋してみたい。

「明星」が発現するまでの過程(プロセス)は、次の五つの段階からなる。

段階１：チャクラとクンダリニーの宿る場所を活性化して気を発生させ、発生した気を脳のチャクラ(サハスララ・チャクラ、アジナー・チャクラ)に移送する段階

段階２：脳のチャクラにおいて、気を濃縮・強化する段階

段階３：意識が深く沈んで呼吸がほとんどないかのような状態になり、そして光明が発現する段階

段階４：発現した光明(の色や形状)が、さまざまに変化する段階

段階５：意識がさらに深まって、さまざまに変化していた光明が、突然、安定した円形の光明(満月や太陽のような光明)、もしくは点状の光明(明星のような光明)になる段階、すなわち「明星」の発現の段階

その後に、各段階ごとに手順1、手順2……と順を追って、実施方法を解説している。

しかし、これだけでは、何か〝もどかしさ〟や〝物足りなさ〟を感じていた。
それは、自分の意識(心)の状態をうまく具体的に表現できなかったからである。
それが、上記の釈尊の文章を目にした瞬間、その〝もどかしさ〟や〝物足りなさ〟が氷解した。
釈尊の文章を用いれば、自分の意識(心)の状態を次のように具体的に表現できる。

各段階の手順1を実施する際に、自分の意識(心)の状態は、必ず釈尊の文章にあるような状態、すなわち次のような状態になっている。

言葉を換えると、次のような状態になってから、各段階の手順1、手順2　……　と順を追って実施するのである。

すなわち、

わたしの意欲は精勤に過ぎるということはなく、
また退縮に過ぎるということはなく
内側に収まることなく
外側に散らばる事はなく、
前後に想があって静寂であり、
左右に想があって静寂であり、
後ろは前のように
前は後ろのように

右は左のように
左は右のように
上は下のように
下は上のように
夜は昼のように
昼は夜のようになっている状態でなければならない。
すなわち、このように広大で纏わりつかない心(意識)になっていなければならない。

釈尊が語っている文章の「わたしの意欲は精勤に過ぎるということはなく、」から「昼は夜のようになった。」までは、広大で纏わりつかない心(意識)の状態を述べたものである。

当然のことだが、頭で理解しようとするのではなく、体で理解しようとしなければ、本当の理解は得られない。

実践(トレーニング)の視点から言うと、少なくとも座って行なう瞑想においては、実際に体験するレベルまで習熟する必要がある。

座って行なう瞑想において実際に体験できるようになると、次は立った状態でも、どんな状態であろうとも、その気になれば体験できるようになる。

そういう状態になってから、釈尊は四神足の全ての修行(必修科目)を実践したと語られている。きっと、四神足だけでなく全ての成仏法を、そういう状態になってから実践したものと思われる。当然、初心者段階では、そういう状態になることはできない。

そこで私達は、瞑想のレベルが高くなるに応じて、そういう状態に近づくことができるように心掛けていく必要がある。

自分の心(意識)の状態を、釈尊の文章に照らし合わせて、そういう状態にどこまで近づいているか検証しながら追及していくのである。

解脱してからの釈尊の一日は、弟子達や信者達への指導と大衆への布教で大半が占められていたと考えられるので、おそらく釈尊は常日頃そういう状態になっていたものと思われる。このことは極めて参考になる。

そういう状態になると、煩悩(我)の塊りである我々凡人でも、煩悩(我)は出ないのである。

そういう状態になると、煩悩(我)の塊りである我々凡人でも、どんな人に対しても慈悲や愛の心情を持って接することができるのである。

釈尊のこの文章を、〝昼も夜も一日中、成就を願い、努力し、瞑想をしなさい〟と受け取る人がいるかもしれないが、そうではないのである。

「広大で纏わりつかない心(意識)」は、「三昧(サマーディ)」(主観と客観が一体となった状態)の前段階である。

勿論、「広大で纏わりつかない心(意識)」は、「三昧(サマーディ)」の段階でもある。

「三昧(サマーディ)」は極限の境地であって、主観と客観が一体となったものとされている。「三昧(サマーディ)」そのものの心(意識)の状態について、具体的に詳しく書かれた文献はない。

そして、「三昧(サマーディ)」の瞑想法として具体的に書かれた文献は、筆者の知る限り、筆者の著書「四神足瞑想法」以外にはない。

しかし、瞑想について書かれたいくつかの本には、「三昧(サマーディ)」の心(意識)の状態について表面的にさらっと書かれたものがある。

例えば、

①.「路傍の草を見つめているうちに、草と一体になるというより、突然、私がその草そのものになった。」

②.瞑想する主体と瞑想対象とが融け合ったような合一感として体験されるのが通例である。

③.瞑想時の集中が極まった時に体験される主客未分の感覚、主客融合の感覚など。

ここでは、もう少し具体的に詳しく説明したい。

ある一点(花、石、置物、呼吸そのもの)に心(意識)を集中し、そして心(意識)の集中が極限に達すると、心(意識)は客体(花、石、置物)と化す。心(意識)は客体(花、石、置物)そのものになる。

この状態を、「三昧(サマーディ)」というのが一般的である。

筆者の体験を元にした「三昧(サマーディ)」の特徴的なものを、次に列挙する。

(1) 表面的ではあるが「三昧(サマーディ)」について書かれているいくつかの本には、〝サマーディは意識の集中(対象への集中度)が極限に達した特殊な意識状態である。〟というのがある。

実は、これは正確ではない。

これから述べる「三昧（サマーディ）」の理（本質）は、どの文献にも書かれていない。おそらく、口承と直接指導でのみ伝えられたものと筆者は考えている。

それでは説明したい。

確かに最初は、ある一点（花、石、置物、呼吸そのもの）に心（意識）を集中する。そして、意識の集中（対象への集中度）を高めていく。

ここまでは、これまでの文献と一緒である。

ここからは違う。

ここからが本当に重要であり、秘伝とも奥義とも言うべきものである。

「ある一点（花、石、置物、呼吸そのもの）に心（意識）を集中する」ことは、心がそれに束縛された状態なのである。

心（意識）は、客体（花、石、置物）に束縛され限定された状態なのである。

矛盾するようだが、心（意識）が客体（花、石、置物）に束縛された状態である限り、絶対にサマーディすなわち心（意識）は客体（花、石、置物）と化すことはない。

「古来、サマーディを達成するのは極めて難しいとされており、それだけで一生を捧げることになるケースも珍しくないと言われている。」のは、この理（本質）を知らないからである。

筆者が思うに、口承と直接指導でのみ伝えられたのであろう。

それでは、意識の集中（対象への集中度）を高めた後は、どうするのか？

口（文章）だけでは説明するのは難しいが、あえて説明すると、客体（花、石、置物）への心（意識）の集中は保ちつつ、集中度を変換するというか解放しながら、その一方で心（意識）を心の奥底に沈めるというか深めていくのである。

心(意識)が深まってくると、心(意識)は静寂になり、〝釈尊が語っている状態〟に次第に近づいてくる。

さらに深まってくると、心(意識)は瞬間的に〝釈尊が語っている状態〟に完全に移行する。

そして、さらにさらに瞑想が深まった瞬間、次元を飛び越えたかのように(スコーンと)心(意識)は客体(花、石、置物)と化す。

心(意識)は客体(花、石、置物)そのものになる。

具体的には、「三昧(サマーディ)」の瞑想法として、詳しく後述したいと思う。

⑵

これまでの文献は、

〝サマーディの特徴を、心の全てのエネルギーを客体(花、石、置物)に絞り込んでいく求心力である。〟と説明している。サマーディを達成した経験がない人からみると、実にもっともらしく聞こえる。

実は、これは間違いである。そうではない。

これもやはり、口(文章)だけでは説明するのは難しいが、あえて説明すると、サマーディの特徴は、心の全てのエネルギーを客体(花、石、置物)に絞り込むのではなく、心のエネルギーの一部を使って心を客体(花、石、置物)に固定して、同時に、残りの心のエネルギーを使って心の奥から絶え間なく湧き上がってくる思い(思考)の流れを客観視することで、それらが次第に解消されていく「思考停止力」である。

(3)　私達の六つの感覚受容器である六門(眼、耳、鼻、舌、身、意)には、常に六境(色、声、香、味、触、法)という情報が乱入している。

サマーディの特徴は、六門(眼、耳、鼻、舌、身、意)には、「法」以外の五境(色、声、香、味、触)だけが乱入するというよりも静かに流入している。

すなわち、法(ここでは、記憶や憎しみ・怨み・悔やみなどの思いや妄想などのこと)は乱入も流入もしない。言葉を換えると、通常とは全く異なって、心も体も穏やか(静寂であり平安)なのである。

しかし、不思議にも〝愛や慈しみを伴った自発的な思考(思い)〟は可能である。

ここで注意しなければならないことは、静かに流入している五境(色、声、香、味、触)に意識(心)を向けて、意識(心)をそれに固定する(束縛される)と、サマーディ(三昧)は次第に乱れて、ついには破れてしまう。

当然のことながら、〝愛や慈しみを伴った自発的な思考(思い)〟ではなく、少しでも我欲など煩悩(我)が介在した思考(思い)になると、サマーディ(三昧)は夢から醒めるように、またたく間に破れてしまう。

(解説)　六門

六門とは、六つの感覚受容器のことをいう。

「眼」、「耳」、「鼻」、「舌」、「身」、「意(意識)」のことである。

心(意識)は本来一つであり分割できないが、ここでの意(意識)は、心(意識)のうちの私達が何かを考える時の心（意識）を主に言う。

（解説）　六境

六境とは感覚器官が知覚する対象となる「色」、「声」、「香」、「味」、「触」、「法」のことをいう。「色」は物体（物質）のことで、「声」は音のことで、「香」は匂いのことで、「味」は味わいのことで、「触」は触感のことで、「法」は心の奥から湧き上がってくる思いすなわち記憶や憎しみ・怨み・悔やみなどの思いや妄想、すなわち現象化した煩悩のことを主に言う。

「三昧（サマーディ）」は、仏教修行者やヨガの修行者などが、瞑想（禅も含む）が上達し深まってくると体験することがあると言われているが、それればかりでなく、幼児や児童も偶然に体験することがある。幼児や児童の頃は、表層意識と潜在意識を隔てている「抗暗示障壁」がまだ出来上がっていないので、暗示やイメージが容易に潜在意識まで到達できる。

そのため、路傍の草や花や石を見つめているうちに、目の前の草や花や石の映像が潜在意識まで到達して、心（意識）は客体（花、石、置物）そのものになることが稀にあるという。

さらに、大人になっても「抗暗示障壁」がまだ出来上がっていない人がいて、そういう言わば「三昧（サマーディ）」に入り易い体質の人も、同じような体験をすることがあるという。

しかし、幼児や児童の頃の偶然の体験は、月日が経つうちに忘れてしまうし、成長するにつれて「抗暗示障壁」が出来上がるので、そういう体験はしなくなるし、また出来なくなる。

また、「三昧（サマーディ）」に入り易い体質の人も、偶然の体験の後に、禅とか瞑想を継続的に行なわないと、そういう体験はしなくなるし、また出来なくなる。

次に、筆者の体験を述べたい。

(五)　筆者のサマーディ体験

第一作の「四神足瞑想法」の中でも少し触れているが、第一作では紙数の都合で割愛した部分があり、それも含めて今回改めて紹介したい。

筆者が幼児の頃は、祖母が筆者の面倒をよく見ていた。

当時、筆者の生家は日用品を扱う雑貨店を営んでおり、父は商品の仕入れや配達に出かけて、母が店を切り盛り(買い物客の応対を)していた。

当時はコンビニとかスーパーマーケットはなく、果物屋、パン屋、肉屋、野菜屋、米屋など単独の品物を扱っている専門の店が大通りを中心に点在していた。

また、主に食料品の専門店が十店舗ほど集合していた食料品市場は地域に2か所あった。

筆者の生家は雑貨店だったので品数が多く、特に夕方になると、奥さん連中を中心に客が割と引っ切りなしに買い物に来ていた。

兄はいるが6才も離れており、兄は同年代の友達と遊ぶのに熱中していた。

筆者が3才半の昭和32年の4月の始め頃に、祖母が亡くなった。

遊んでくれる人が身近にいなくなったことと、少し大きくなったので近所なら出歩くことが出来るようになった。

そして、家から50mほど離れている、少し年上の近所のお兄さん達と遊ぶようになった。家から非常に近いので、母も気掛かりながらも何となく安心していたと思われる。

遊び仲間(近所のお兄さん達)は小学生であり、授業が終わって帰ってくるのは昼すぎである。

筆者はいつも昼から家を出て、遊び仲間の家からさらに50mほど先にある公園で、一人で遊び仲間が小学校から帰ってくるまで時間を過ごしていた。

公園にはブランコ、滑り台、鉄棒、シーソーなどがあったので、それらで遊んでいたのだが、その記憶は薄い。

その後に、公園の中央付近にある藤棚(確か3段のステップに囲まれた南北方向に長い長方形の壇)の南北方向の中央部あたりで、家がある西側の端に西を向いて、2段目のステップに足を置き3段目(最上段部)に腰掛けて、その先の噴水や木立などをぼんやりと眺めて休むのを日課のようにしていた。

筆者の身体にも公園にもポカポカと温かい春の陽射しが降り注ぎ、おだやかな風景を一人でぼんやりと、遊び疲れのためか、ただただ無心に眺めていた。

そして、少し離れた噴水になぜか自然に視線は向き、そして固定されていった。いわゆる、日向ぼっこである。

噴水をぼんやりと眺めていると、しだいに自分が噴水そのものになったような気分になった。自分が噴水そのものであるかのような気分になった。

そして、実に気持がいいのである。快楽な気分なのである。

快楽な気分は、日を追うごとに深まっていった。

肉体が大人になる思春期を過ぎてから体験する射精時の気持ち良さよりも、ずっと気持ちがいいのである。

しかも、自分が噴水そのものの気分になっている限り、その気持ち良さはずっと続くのである。そして、射精時とは全く異なって、心も体も穏やか(静寂であり平安)なのである。

おそらく、2時半すぎだったろうか、低学年の小学生達(お兄さんやお姉さん達)が公園に集まり始めると、彼らの賑やかな声で筆者の静寂と平安な時間は破られた。

すなわち、筆者は我に返るのである。

そして、近所の遊び仲間(近所のお兄さん達)の家に行き、夕方まで遊んでから家に帰った。

雨が降らない限り、一人っきりの公園での遊びと日向ぼっこは日課になった。

しかし、その日課も、筆者が熱中症(当時は、日射病と言っていた)になって、途絶えてしまう。

6月になっていたと思うが、ある日、いつものように公園の中央にある藤棚に座り、その先の噴水をぼんやりと眺めていた。

その日は、いつもとは全く異なっていた。

筆者が我に返ると、そこは公園ではなく、自分の家の中だった。

しかも、何と家のふとんに寝ていたのである。

時刻も8時頃と聞かされて、いつもよりも5時間あまり時間が経過していた。

少なくともその時間ずっと、意識不明の状態だったのである。

筆者の額の上には、氷嚢（氷ぶくろ）が専用のスタンドに吊り下げられていた。往診して下さった近所のお医者さんが用意してくれたという。

枕元には母が座っており、筆者が意識を取り戻したのに気付いたのであろうか、涙を流して喜んでいた。

そして、筆者が熱中症にかかって倒れていたことと、発見が遅れていたら死んでいたことを教えてくれた。

「今後、絶対に公園で日向ぼっこをしない、暑い日は陽射しを避ける」ようにと、涙ながらに叱っていたのを鮮明に覚えている。

「発見が遅れていたら死んでいた」と聞いても、「死ぬ」ことの意味は分からず、それよりも母の涙を見たのは初めてだったので、幼児の心にも強烈に刻まれたのであろう。

その日以来、二度と公園では日向ぼっこをしなかった。

そして、暑い日は自然に陽射しを避けるようになった。

筆者が熱中症にかかって倒れていたのを発見したのは、公園近くの奥さんだという。何と、筆者は公園近くに住む一部の奥さん達の間では、ちょっとした有名人だったらしい。

「3～4才頃のかわいい男の子（特に奥さん達にとっては、その年頃の子供はかわいく見えるらしい）が、公園の中央部にある藤棚に毎日決まった時間に座って、しかも、長時間（おそらく、1時間以上）ピクリとも動かずに、公園の置物みたいに見える。」と、話題になっていたらしい。

3～4才頃といえば、いっときもジッと出来ないで、動き回っているのが普通である。それが、長時間、置物みたいにピクリとも動かないのだから、異様に思うのも無理はない。そして、筆者が「湯田さん家の次男」であることも調べていて、話題になっていたという。

興味津々で、しょっちゅう観察してくれる奥さん達がいて、その中の一人が筆者が熱中症にかかって倒れていたのを発見し、母に連絡してくれたらしい。

その時初めて母は、筆者の「日向ぼっこ」を知ったのである。

兄は元気に外で走り回っていたので、「日向ぼっこ」に熱中する筆者を母は非常に心配したのである。ぼーっとして、元気のない子供に育ったら大変だと心配したのである。

また、その日以来しばらくの間は、筆者をしょっちゅう観察してくれた奥さん達が、店に買い物に来るたびに、34才の母は色々とアドバイスを受けたのであろう。

その頃から、母は筆者に対しては、「外で元気に遊びなさい」が口グセになっていた。そのせいだろうか、筆者は中学時代も、授業が終わると同級生数人と一緒に夕方過ぎまで遊んでから家に帰っていた。これらのことは、時間が経つにつれて、いつの間にかすっかり忘れてしまった。

今は、誰かは知らないけれども連絡してくれた人に、命の恩人として本当に感謝している。人は誰でも、多くの人達に支えられ助けられて、今こうして生きているのである。このことは、常に念頭に置く必要がある。

そうすることで、感謝の念が湧き、人を赦し、自分を赦す、「心の余裕」が生まれるのである。

話を元に戻したい。

熱中症事件の後は、直接に近所の遊び仲間(近所のお兄さん達)の家に行き、彼らが小学校から帰ってくる時間まで、そこの縁側で日向ぼっこをするようになった。

縁側の陽射しが当たらない所に座り、陽射しが当たっている庭にある置石をぼんやりと眺めると、すぐに自分が石そのものであるかのような気分になった。そして、実に気持がいいのである。快楽な気分なのである。

当然のことながら、幼児期の筆者には、瞑想をしているという自覚は全くなかった。表層意識と潜在意識を隔てている「抗暗示障壁」がまだ出来上がっていない幼児期に、偶然にも体験した「特殊な日向ぼっこ」は、「朝起きて洗顔して朝食を食べる」という行為と同じように、当時は毎日の習慣行事になっていた。

彼らが帰ってくると、当時よくやった遊び(相撲や缶けりや馬乗りごっこなど)に誘われた。幼児期であるその頃は、目にする全ての物が新鮮で興味があったので、次々に興味が移っていったことと、「日向ぼっこ」をもっと継続したい時も、本来の目的である「遊び」に誘われるので、いつの間にか「日向ぼっこ」を忘れていった。

後年、「日向ぼっこ」のことを思い出して、「日向ぼっこ」で経験した「対象そのものの気分になる快楽の瞑想」(以後、快楽の瞑想と仮に称す)を再開したことがある。

「庭の置石」の代わりに、「部屋の置物」を使って再開した。すると、やり方はすっかり忘れていたのに、30年近く経っていても心と体は覚えていたものとみえて、すぐに「部屋の置物」そのものであるかのような気分になったのである。心(意識)は客体(置物)そのものになったのである。

この状態を、「三昧(サマーディ)」というのが一般的である。確かにそうであるが、「三昧(サマーディ)」には、いくつかの種類(状態)があることを、「明星」の発現体験などで知ることができた。

そこで、「三昧（サマーディ）」そのものの心（意識）の状態と「三昧（サマーディ）」そのものの瞑想法について、「快楽の瞑想」で体験した方法を部分的にピックアップして紹介したい。

ただし、「快楽の瞑想」に関しては、これを毎日2〜3週間も続けていると、仙道でいうところの「馬陰蔵相（ばいんぞうそう）」の状態が発現するので、筆者は人には勧めていない。

（解説）　馬陰蔵相（ばいんぞうそう）

仙道でいうところの「馬陰蔵相（ばいんぞうそう）」とは、男性の場合は、男性性器が赤ちゃんの時と同じように引き締まって体の奥に引っ込んでしまう現象で、そうなると完全に精は漏れなくなると伝えられている。

女性の場合は、「赤竜を切る」と言い、男性のように乳房がなくなり、生理が完全に止まると伝えられている。

（六）　三昧（サマーディ）に関する注意点

ここで、三昧（サマーディ）に関する誤った情報や見解に対して注意したいと思う。

①　「三昧（サマーディ）」を、ヨガでも仏教でも、最終の一歩手前の目標であると誤解したり、サ

マーディを体験すると解脱は目の前にあると、勝手に考えたり思い込んだりしては絶対にいけない。その理由は、サマーディは、あくまでも解脱のために必要な、いくつかの条件の中の一つの条件でしかないからである。

そしてさらに、「三昧(サマーディ)」を最終の一歩手前の目標であるとするほど、ヨガや仏教の教えと修行法は底が浅くないからである。

② ましてや、サマーディに入れば神通力が生じるなどと、絶対に思ってはならない。その理由は、サマーディを体験することで、邪道に陥る危険があるからである。

その場合、その人の活動する環境によっては、それを悪用しかねない危険性がある。サマーディを体験することで、それまで眠っていた能力が実際に目覚める場合がある。

しかし、そういう事態が訪れたとしても、煩悩(我)があまり解消していないと、それを悪用しかねない危険性が高い。

こういう事(眠っていた能力が目覚める事など)は、何もサマーディ体験だけではなく、滝行とか通常の瞑想でも起きることがあり、そのために慢心や邪道に陥る危険がある。

たとえ、そんな力(通力)が生じることがあったとしても、そしてそれによって希望を叶えたとしても、その過程で煩悩(我)を出せば、結果的に大きな災厄に見舞われてしまうのである。

そういうことは思わずに、期待せずに、地道に修行(トレーニング)に努めることである。本当に有意義なことは、サマーディが〝煩悩(我)の解消〟に活用できることにある。

（七）三昧（サマーディ）瞑想法

三昧（サマーディ）瞑想法は、初心者段階の瞑想から次第に熟達していって、目標とする三昧（サマーディ）の境地まで到達できるように編成している瞑想法である。ヨガにおいても、「ヨーガ・スートラ」などに散発的に述べられている。

仏教では、「九次第定（くしだいじょう）」という〝解脱に到達するまでの心（意識）の境地〟を九段階に分けて、その中に「四静慮（四禅）」という名称で、〝三昧（サマーディ）の境地〟に到達するための瞑想が伝承されている。

残念ながら、その具体的な詳しい内容（方法）は、仏典には記されてはいない。それは、口伝と実地指導で伝承されてきたからである。

何回も言うようだが、そもそも、古来、サマーディを達成するのは極めて難しいとされており、そのため僧俗を問わず瞑想実践者で、1回でもサマーディを体験した人は極めて少ないと言われている。

しかし、2500年前の仏陀釈尊ご在世当時の原始（初期）仏教時代は、僧俗を問わず多くの瞑想実践者（修行者達）はサマーディを達成し、さらに解脱まで成就していたと伝えられている。

その後は残念ながら、サマーディを達成することは困難になり、1回でもサマーディを体験した人は極めて少なくなったという。

そうは言っても、「瞑想（禅も含めて）は時代を経るにつれて発展してきた」と主張する宗教家や有識者は少なくない。

教団とか宗派においては、確かにそういう面はあるだろうと思われる。

瞑想に関する様々な方法が考案され、一部は秘伝として、各教団や宗派において独自に伝承され、実践されてきた。

現代においては、世界中に瞑想(禅も)は広まっており、表面的には発展しているかの様相を呈しているが、しかしサマーディを達成することが極めて難しいとされてきた時点で、瞑想はもしかすると実質的には衰退してしまったのではないかと疑問を抱かざるを得ない。

科学や文化は表面的にも実質的にも発展してきたのに、なぜ瞑想は表面的には発展したように見えても、実質的にはむしろ衰退してしまった感があるのだろうか?

スポーツ競技(陸上競技、競泳、体操競技など)は、時代が経過するほど進化して記録は更新しているのに、なぜ瞑想は表面的には発展したように見えても、実質的には逆に退化したかのように原始仏教時代の瞑想ができなくなってしまったのだろうか?

その理由として、筆者は次の二つを挙げたい。

(理由1) スポーツ競技は、最新の科学知識を取り入れたり、最新の科学技術の力や助けを借りて、身体機能(筋力、体の柔軟性など)や競技の技術を向上させることで記録を伸ばす(進化する)ことができている。
それに対して、瞑想は心理的な分野に属するものなので、最新の科学知識や科学技術の力や助けを受けにくく、たとえそれらの力や助けを受けることが出来たとしても、進化できるとは限らないのである。

瞑想は、個人が修練で獲得した技術や技能を、いくつかの要領として言葉や文字で伝えるか、もしくは実地指導（練習のつきっきりでの個別指導）で伝えるしか方法はない。

（理由2）　筆者が思うに、それは口伝と実地指導で伝承されてきた三昧（サマーディ）瞑想法が、途中で変わってしまったからである。

表現を変えると、正しい方法が途絶えて、そうでない方法に変わってしまったのである。

正しい方法で熱心に訓練（実践）すると、サマーディを体験する人は多いはずである、と筆者は思っている。

しかし、正しい方法の具体的な詳しい内容は、仏典には散発的にしか記されてはいない。今回、複数のサマーディ体験者の証言に基づくものではなく、ただ一人（筆者）だけの体験に基づくという限定はあるけれども、その正しい方法（実践法）を具体的に提示し、具体的に詳しく解説したいと思う。

その方法で筆者はサマーディを体験しているので、正しい方法（実践法）であることは間違いない。

しかし、当然のことながら、最善の方法であるとは限らない。

筆者が偶然にも幼児時代から行なってきた今回の方法が、初期（原始）仏教時代に口伝と実地指導で実践されていた方法と同じものであるとは決して断言はできない。

しかし、人間は誰でもサマーディを体験できるように造られていることと、幼児の行動は人間の本能に基づいている場合が多いことを考えると、今回の方法は原始仏教時代に実践されていた本来の方法と同じものである可能性が高いと思っている。

そうでない場合は、必ずや後進の人達が、最善の方法・原始仏教時代の本来の方法へと改善してくれることを期待しつつ、その方法を紹介したい。

（七―一）　九次第定（くしだいじょう）

九次第定とは九つの瞑想のことであり、各々の瞑想によって得られる心（意識）の境地に応じて、九種類に分類されている。

得られる心（意識）の境地とは、凡夫の境地から仏陀の悟り（解脱）の境地までの九段階の境地である。

九次第定の定は、瞑想（禅も含む）のことである。

そして、九次第定の次第は、心（意識）の境地が、凡夫の境地から仏陀の悟り（解脱）の境地へと、次第に高度な境地へと進むことを意味している。

さらに、九次第定の九は、得られる心（意識）の境地を九段階に分類したことを意味している。

先に筆者は、「残念ながら、その具体的な詳しい内容は、仏典には記されてはいない。」と述べたが、そのこと自体は間違いではない。

しかし幸いなことに、「ヴィパッサナー瞑想系」の上座部仏教において、この九次第定が部分的ではあるが詳しく伝えられていることを、地橋秀雄師の著書「ブッダの瞑想法　ヴィパッサナー瞑想の理論と実践」を読んで知った。

この本は、筆者が読んで試してみた瞑想関係の本の中でも、素晴らしいと思った一つである。内容の素晴らしさだけでなく、瞑想の知見を出来るだけ具体的に分かり易く、しかも包み隠すことなく開示しているように思われて、非常に好感を持てるものである。

一般的な瞑想の作法(やり方)などの内容は、多くの市販されている本(著書)に記載(公開)されている。しかし、高度な方法まで具体的に分かり易く、しかも包み隠すことなく開示している本は非常に少ない。

また、寺院やヨガ道場などでも、瞑想の作法(やり方)は具体的に丁寧に教えている。ただし、瞑想(禅も)の講習会(体験会)の受講料については、手ごろな価格の所もあるし、少し高額な所もある。

- 少人数の受講者に対して、二~三千円の受講料で、瞑想の作法を手取り足取りで丁寧に説明した後に、実際に体験できるという寺院もあれば、
- 多人数の受講者に対して、一万円前後の受講料で、伝授する内容は一つの瞑想手順であり、その瞑想手順書(お次第)を説明することで秘伝を伝授したとする寺院もあり、受講料だけでなく講習の内容についても、それぞれ大きな違い(ばらつき)がある。

話を元に戻す。

その「ヴィパッサナー瞑想系」の上座部仏教において部分的に伝えられている九次第定は、残念ながら内容および具体性において、筆者がこれから説明する九次第定とは異なっている。

「ヴィパッサナー瞑想系」の上座部仏教において部分的に伝えられている九次第定は、「サマーディに出来るだけ近づけるようにトレーニング(訓練)は行なうものの、サマーディを達成(完成)することは極めて難しい」とされている。

筆者は、その点は非常に残念に思っている。

「ヴィパッサナー瞑想系」の上座部仏教において部分的に伝えられている九次第定の課程(内容)は、当然のことながら、初期仏教(原始仏教)を受け継いでいるはずであり、勿論、筆者がこれから説明する九次第定とも共通している所はある。

しかし、その内容は、いくつかの点で筆者の九次第定とは大きく異なっている。

ここで誤解しないでもらいたいのは、筆者は両者の優劣を言っているのではない。

両者の共通点と相違点を明白にすることが、途絶えてしまった【原始(初期)仏教時代の三昧(サマーディ)瞑想法】を追求するためには、重要かつ必要であると思うからである。

ひいては、九次第定の追求にもつながるからである。

それでは、最初に、「ヴィパッサナー瞑想系」の上座部仏教に伝えられている「サマーディ」と「九次第定」の概要を要約して以下に示す。

繰り返すようだが、そのあとに説明する筆者の九次第定とはいくつかの点で異なっている。

(七―一―一) ヴィパッサナー瞑想系・上座部仏教の「サマーディ」と「九次第定」の概要

① 「サマーディ」とは極度の集中です。集中が極まって対象に没入し、主体と客体の未分化状態まで達した集中力と理解してよいでしょう。

② 一般的に瞑想法は、ヴィパッサナー瞑想とサマタ瞑想の二つに大別されます。

サマタ瞑想とは一点集中型の瞑想で、反復される言葉やイメージなどの瞑想対象に意識を集中し、最終的にはその対象と合一してしまうほどの深い統一状態を目指していく技法です。散乱する心を力技でねじ伏せて一点に集中していく技法です。

この主体と客体が融合してしまう究極の意識状態を、「サマーディ」（三昧、禅定）と呼びます。

③ブッダ自身も、またブッダの直弟子たちも、まずサマタ瞑想を修し、サマーディを完成させてからヴィパッサナー瞑想にシフトする手順を踏むのが習わしでした。

④ブッダが悟りを開くはるか以前から、瞑想には長い伝統がありました。

それは、サマーディを基盤にしたサマタ瞑想の流れでした。

ヴィパッサナー瞑想は、ブッダが悟りを開いた時に最終的に拠り所にした瞑想法として、そのまま伝えられてきたものです。

ヴィパッサナー瞑想は、ブッダが創始したものです。

どのような文献にも伝承にも、ヴィパッサナー瞑想の痕跡は見当たらない。

⑤しかし、サマーディを完成させることは大変難しいので、現代の上座部仏教の寺では、最初からヴィパッサナー瞑想の本義である「現在の瞬間の事実に気づく」こと（パーリ語ではサティ、英語ではマインドフルネス）に着手します。

マハーシ・システム（ミャンマーのマハーシ長老が広めたシステム）に基づいて、サティの瞑想を何よりもまず実践し、並行してサマーディの力を養っていく。

（解　説）

筆者は、マハーシ・システムを編成されたこと自体は素晴らしいことであると思っている。多くのヴィパッサナー瞑想の修行者（僧俗を問わず）は、マハーシ・システムにより、それまでよりも速やかに着実に修行が進んでいるものと思われる。そうであるからこそ、マハーシ・システムに基づいて実践しているのであろう。

しかし、仏陀誕生のはるか以前から実践されており、しかも仏陀ご自身も実践され、仏陀の直弟子達も実践されてきた修行法（システム）を事実上変更してまでも、マハーシ・システムを主流の修行法とされていることには疑問を覚える。

もちろん、部外者である筆者がとやかく言う筋合いはないが、仏陀の修行法を言及するからには、これは根本的な問題なので避けては通れない。

今はまだ仏陀釈尊の修行法（システム）は、最初にサマーディを基盤にしたサマタ瞑想から着手していたという事実は認識されてはいるが、おそらく数百年の後には、「マハーシ・システム自体が仏陀釈尊がお定めになり指導されてきた修行法（システム）であり、マハーシ長老はそれを分かりやすく編成し直した。」といった認識に変わる可能性があるのではないかと筆者は危惧している。

このような経緯で、仏陀釈尊が指導されていた原始仏教当時の修行法は、一部は失われ、一部は変更されて（形を変えて）伝えられてきたのではないだろうか？

口伝と実地指導で師から弟子達へと伝えられた修行法は、伝えられた弟子達がその修行を達成（完成）出来なかった事態が生じた場合、もしそこで変更すると、変更した修行法が伝承されることになる。

時代が経過すると変更当時の事情や経緯が忘れ去られ、そのために変更した修行法だけが事実として存続するので、それに合致しないものは排除されることになる。

例えば、仏陀釈尊はヨガの達人であり、ヨガの修行法も取り入れて「四神足」を編成されたことは、否定され排除されることになる。

ある一つの仏典に幸運にも明記されて伝承されていても、その仏典をニセモノと見なして否定し排除することになる。

臨済宗はその点素晴らしく、祖師から伝えられた修行法を厳格に忠実に代々伝えているという。もし、師から伝えられた弟子達がその修行を達成(完成)出来ない事態が生じた場合でも、後代の弟子の達成(完成)を信じて、師から伝えられた通りの修行法をそのまま自分の弟子達に伝えることに決められていると聞く。

これだったら、祖師から伝えられた修行法は確実に後代に伝承されていく。

繰り返すことになるかもしれないが、
仏陀誕生のはるか以前から実践されており、仏陀釈尊も直弟子達も実践されて、実際に解脱を達成(完成)してきた修行法(システム)は、最初にサマーディを基盤にしたサマタ瞑想から着手するのである。

そのサマーディを基盤にしたサマタ瞑想を仏陀釈尊は成仏法に取り入れている。

それが、「四神足」という仏陀の瞑想法なのである。

本題に戻りたい。

⑥　九次第定の「四静慮(四禅)」という瞑想法は、五つの要素(課程)を経て、五つの段階(種類)のサマーディを完成させる瞑想(修行)法であると解釈している。
初禅が、第一段階のサマーディを完成させる瞑想法
二禅が、第二段階のサマーディを完成させる瞑想法
三禅が、第三段階のサマーディを完成させる瞑想法
四禅が、第四段階のサマーディを完成させる瞑想法
五禅が、第五段階のサマーディを完成させる瞑想法

(解　説)


ここでは第五禅まであり、各々の瞑想が完成した到達点を各々のサマーディと称している。

尚、別の有識者によっては、「四静慮(四禅)」を初禅定、二禅定、三禅定、四禅定の四つに区分して、各々の瞑想が完成した到達点を各々のサマーディと称している場合もある。

以上が、仏陀釈尊が瞑想の主役として位置付けていた「サマーディ」を、脇役とまでは言わないが、それでも実質的に主役から準主役級に格下げしている、現代の「ヴィパッサナー瞑想系」の上座部仏教において伝えられている「サマーディ」と「九次第定」である。

尚、上座部仏教は二千年の歴史があり、その間に多くの優れた高徳の名僧を輩出し、幾千万の民衆を救済し、彼らの心の拠り所となってきたことは疑いの余地はない。

そういう歴史もあり実績もある上座部仏教に対して、筆者も尊崇の念を持っていることは言う

までもない。

（七―一―二）　筆者の体験に基づく「サマーディ」と「九次第定」

次に、筆者の体験に基づく「サマーディ」と「九次第定」を具体的に詳しく解説し、その実践法を具体的に提示したいと思う。

⑴　〈私達の日常の意識（心）の段階〉：三界でいう欲界の意識

「凡夫の日常意識」であり、悟り（解脱）とは程遠い私達の通常の意識（心）の段階または、強力で盛んな欲望にとらわれた私達の通常の意識（心）の段階

⑵　〈一次第～四次第〉：欲界から色界へと移行する四静慮（四禅）

「四静慮（四禅）」（初禅、第二禅、第三禅、第四禅）という瞑想によって、欲界の意識から色界の意識へと高めていく。

繰り返すが、具体的な詳しい内容は、仏典には記されてはいない。

そこで今回、筆者の体験を基にして説明したいと思う。

四静慮（四禅）で行なう瞑想の段階は、まだ欲界の意識である。

四静慮（四禅）を習得（終了）できると、色界の意識となる。

すなわち、第二禅、第三禅、第四禅で行なう瞑想の段階も、まだ欲界の意識ではあるが、色界の意識へと着実に向かっている意識でもある。

（解説）三界

三界とは、仏教における欲界・色界・無色界の三つの世界のことであり、衆生が生死を繰り返しながら輪廻する世界をその三つに分けている。

欲界とは、強力で盛んな欲望にとらわれた衆生が住む世界のことを言い、八大地獄から六欲天までの世界であり、地獄、餓鬼、畜生、修羅、人、天の6種の世界に分かれていると言われている。

筆者が思うに、死んで初めて6種の世界に行くのではなく、この世（現実世界）に生きている今この瞬間においても、既に心（意識）はあの世（死んでからの世界）に通じており、その影響を受けて生存活動を行なっている気がする。

現実世界に当てはめると、

- ある時には、誰かを憎み非難し平気で傷つけるなど、「地獄クラスの心（意識）」で行動し、別の日には、困っている人を助けたり勇気づけるなど、「天クラスの心（意識）」で行動し、さらに別の日には、「餓鬼クラス、畜生クラス、修羅クラス、人クラスのそれぞれの心（意識）」で行動しているなどと言い変えると理解し易いかと思う。

色界とは、欲界と同じく物質的世界ではあるが、それほど欲望が盛んではなく、清らかで純粋な物質、生物、衆生の世界のことであると言われている。

無色界とは、物質的なものから完全に離れた衆生が住む世界であり、心の働きである受・想・

行・識の四蘊だけからなる世界のことであると言われている。

(3) 〔一次第〕：四静慮(四禅)の初禅：「尋(じん)・伺(し)・喜・楽・一境性」

「四静慮(四禅)」という四つの心(意識)の段階からなる、三界でいう欲界から色界へと移行する心(意識)の最初の段階が「初禅」である。

初禅を習得(終了)できても、まだ欲界の意識ではあるが、しかし確実に色界の意識に近づいている。

初期仏教でいう、「尋(じん)・伺(し)・喜・楽・一境性」の五つの要素(課程)を習得することができて初めて得られる心(意識)の段階である。

「初禅」は、「ヴィパッサナー瞑想系」の上座部仏教が主張する「第一段階の三昧(サマーディ)を完成させる瞑想法」ではない。

「初禅」で三昧(サマーディ)を完成させようとするから、サマーディを達成するのが極めて難しくなるのである。

「初禅」では、心(意識)はまだ客体(花、石、置物)に束縛された状態なのである。一見矛盾するようだが、心(意識)が客体(花、石、置物)に束縛された状態である限り、絶対にサマーディすなわち心(意識)は客体(花、石、置物)と化すことはない。

このことは極めて重要であり、奥義・秘伝とも言うべきものなので、あえて繰り返すが、「心(意識)が客体(花、石、置物)に束縛された状態」と「心(意識)が客体に同化・融合している状態」とは、全く別物なのである。

全く違うことの比喩（たとえ）を、「天と地の差」とか「雲泥の差」などと言ったりするが、それよりもさらにもっと計り知れないほどの差があり、「次元が異なるほどの差」がある。

この理を知らないために、古来、サマーディを達成するのは極めて難しいとされており、それだけで一生を捧げることになるケースも珍しくないと言われている。

「初禅」は、サマーディ（三昧）の完成に向けての四つの瞑想段階の最初の段階である。「初禅」を達成（完成）しても、まだサマーディ（三昧）の達成（完成）ではない。

すなわち、「四静慮（四禅）」の「四」は、四つの瞑想段階の「四」を表しているのである。繰返すが、「四静慮（四禅）」とは、「ヴィパッサナー瞑想系」の上座部仏教が主張するように、五つの段階（種類）のサマーディを達成（完成）させる瞑想（修行）法ではない。

「四静慮（四禅）」とは、サマーディを達成（完成）させるためには四つの瞑想段階があり、四段階で構成されている瞑想法なのである。

このことは、「四静慮（四禅）」という名称にも明白に示されている。「静慮」は禅那（禅）であり、サマーディ（三昧）の途上の瞑想法であり瞑想段階である。

そのために、「四サマーディ（四三昧）」ではなく、あえて「四静慮（四禅）」という名称にしているのである。

（解　説）

初期仏教でいう「尋（じん）・伺（し）・喜・楽・一境性」の五つの要素（課程）は、仏陀釈尊ご自身の体験をベースに、サマーディ(三昧)の達成に向けての案内ポイント(道案内)として、仏陀釈尊が選定されたものと考えられる。

そして、仏陀釈尊は、この五つの要素(課程)を用いて弟子達に指導されたものと思われる。

ここで誤解しないでもらいたいのは、「尋(じん)・伺(し)・喜・楽・一境性」は仏陀釈尊が最初に気付いた(発見した)のでは決してない。

筆者の個人的な思いは、尊崇している仏陀釈尊の独創(発明、発見)であってほしいという期待がないわけではない。

しかし、残念ながら、仏陀釈尊は「尋(じん)・伺(し)・喜・楽・一境性」をサマーディ(三昧)の達成に向けての案内ポイント(道案内)として選定されたにしか過ぎない。

もっとも、「尋(じん)・伺(し)・喜・楽・一境性」を案内ポイント(道案内)として選定されたこと自体が、仏陀釈尊の偉大さの証明でもある。

仏陀釈尊が活躍された時代よりも何百年何千年も前から、ヨガや古代宗教の修行者達は気付いていた(発見していた)ことは容易に推測できる。

その中には、聖者や釈尊以前の解脱成就者(仏陀、阿羅漢)もいたことであろう。

しかも、「尋(じん)・伺(し)・喜・楽・一境性」以外にも、案内ポイント(道案内)としていくつかの別の要素(課程)が挙げられていたことも容易に推測できる。

例えば、「ほとんど呼吸をしなくなるが、それでも全く息苦しくない状態」という要素(課程)である「真息(しんそく)・胎息(たいそく)」を筆者なら挙げたい。

・**真息**　鼻孔に羽毛を近づけても、羽毛が動かないほどのごくごく静かな呼吸
・**胎息**　真息よりもさらに静かな呼吸、胎児のような呼吸

仏陀釈尊が偉大なのは、それら多くの要素(課程)の中から、「尋(じん)・伺(し)・喜・楽・一境性」を選別して編成したことにある。

瞑想は個人の心理的・感覚的な技術(実践方法)であり、サマーディ(三昧)に至るまでの定められた道順すなわち案内コース(道案内)は当然のことながら存在しない。

そのために、サマーディ(三昧)を達成しようにも、方法も分からなければ、途中での達成状況も分からないし、サマーディ(三昧)という目的に正しく向かっているのかさえ分からない。

そこで、サマーディ(三昧)という目的に向かうための目印(道案内)として、「尋(じん)・伺(し)・喜・楽・一境性」は特別に選定されたのである。

そして、「尋(じん)・伺(し)・喜・楽・一境性」という目印(道案内)に到達するための具体的な手順(方法や要領)は、口伝や実地指導で伝えられたのである。

当時は、読み書きが出来る人が、現代とは違って、非常に少なかったことも大きな要因の一つである。

サマーディ(三昧)ではないが、達成困難な修行の目印(道案内)は、インドのヨガや中国の仙道にも同じようにある。

ヨガの達成困難な修行の一つである「クンダリニーの覚醒・上昇」や、それに相当する仙道の「大周天」などにおいても、目的に向かうための目印(道案内)として、

・ ヨガでは、チャクラの覚醒など
・ 仙道では、馬陰蔵相など

が伝えられている。


話を元に戻す。

それでは、一つずつ説明したい。

①「尋(じん)」の課程

「尋(じん)」は心(意識)の粗大なはたらきとされており、あれかこれかと尋(たず)ね求める心で、尋ね求めたものに集中する心である。

「尋(じん)」という課程は、ある一点(花、石、置物、言葉や真言、呼吸そのもの)に心(意識)を集中しようと試みて、心の奥底から湧き出てくる思い出とか妄想に心を乱されずに集中することができるようになると、ついにはそういう思い出とか妄想も無くなって白紙の心(意識)の状態(段階)となる。

心は平静で、澄み渡っており、自分を忘れているような心の状態でもある。座禅や瞑想に熟練すると体験できる心(意識)の状態であり、作業(仕事、勉強)などに集中していると、一時的に体験する一心不乱の心(意識)の状態でもある。

心を乱されずに集中することが出来るためには、正しい生活を心がける必要がある。その

ため、戒行(少なくとも五戒)を実践することが前提条件とも言われているが、そこまでしていなくても、規則正しい生活を実践することは必要である。

そして、誰に対しても「憎まない、怨まない、非難しない」ように努め、できるだけ困っている人には手を差し伸べることを心掛けることが、常日頃から心(意識)を平穏にし、どんな環境でも心が乱されずに集中できるための要諦(大事な点)である。

筆者が思うに、誰に対しても「憎まない、怨まない、非難しない」を常に実践し、困っている人には手を差し伸べることが当たり前のように出来ている人は、たとえ訓練しなくても、本人がやろうと思えばすぐにでも「尋(じん)」の境地になることが出来るはずである。

② 「伺(し)」の課程

「伺(し)」は心(意識)の微細なはたらきとされており、尋ね求めたものを細かく伺察(観察)する心である。

「伺(し)」という課程は、客体(花、石、置物、言葉や真言、呼吸そのもの)に集中して観察している状態のことを言うが、実は、「尋(じん)」ができるようになったら、その後すぐに「伺(し)」も同時に実践している。

③ 「喜」の課程

「喜」は、「尋(じん)」と「伺(し)」の心理作用の後に、字のごとく喜びが自然にこみ上げてくる心(意識)の状態を言う。

喜びがさらに高じてきて、何とも言えない気持よさになったりもする。

この時の心(意識)は、どうしても喜びに心を奪われ易く、喜びに浸りたくなる。

しかし、姿勢の歪みとか組んだ足の感触とかお尻の感触は感じている。

④「楽」の課程

「楽」は、字のごとく楽しさに包まれている心(意識)の状態を言う。こみ上げてくる喜びを冷静に味わうような心(意識)の状態を言う。

実は、「喜」ができるようになったら、その後すぐに「楽」も体験している。

筆者は、「喜」と「楽」については、「幸せな気分」とか「幸福感」という表現で説明するようにしている。その方が、しっくりくる(違和感がない)ような気がしている。

⑤「一境性」の課程

「一境性」は、意識して心(意識)を集中している状態から、意識することなく心(意識)を集中している状態になることを言う。

すなわち、心(意識)が客体(花、石、置物、言葉や真言、呼吸そのもの)に無意識に集中している状態を言う。

これは、諸欲や不善(すなわち欲界)を離れて、尋・伺・喜・楽と共にある状態であり、そういう状態でなければ「一境性」ではなく、まだ「尋(じん)」などの「一境性」の前段階である。「一境性」は、サマーディの前段階の心(意識)の状態である。

しかし、まだサマーディは達成(完成)してはいない。姿勢の歪みとか組んだ足の感触とかお尻の感触を感じている限り、サマーディの前段階とはいっても、サマーディの達成(完成)

にはまだ遠い。

何回も言うようだが、サマーディの達成(完成)とは、心(意識)は客体(花、石、置物)そのものになることである。

サマーディ達成時の心(意識)と肉体とのつながりは、非常に希薄であり、〝全身の何とも言えない気持よさ〟の感覚だけのつながりである。私達が普段感じている肉体の感覚はないと言ってもいい。

尚、サマーディの達成(完成)を1回だけではなく、数日間にわたり連続して達成すると、筆者が体験した「快楽の瞑想」へと突入していく。


以上の①〜⑤を習得できたら、四静慮(四禅)の「初禅」は合格(達成)となる。

しかし、四静慮(四禅)の「初禅」だけでは、サマーディを達成(完成)するためには、まだ不十分である。

それでは、サマーディを達成(完成)するためにはどうするのか？

その答えが、第二禅、第三禅、第四禅と続く瞑想段階(瞑想法)なのである。

その前に、まずは〔一次第〕「初禅」の瞑想法を紹介したい。

(4) 〔一次第〕「初禅」の瞑想法

仏陀の瞑想法は、サマタ瞑想(サマーディを達成する瞑想)から入るが、その前に「基本的な心身調節技法」として、気(のエネルギー)を感知し、気を操作する技法から訓練(トレーニング)する。具体的には、筆者の著書「四神足瞑想法」を参照するとよい。

尚、気を感知し、気を操作することができる人は少ないと思うので、ここでは、〝気を感知し、気を操作する〞技法を必要としない瞑想法を紹介したい。

その前に、姿勢と坐法、呼吸法、行なう時間、注意事項から説明する。


ここで追加説明するが、サマタ瞑想(サマーディを達成する瞑想)から入るのは、何も仏陀の瞑想法に特有のものではなく、大多数の瞑想は基本的にはサマタ瞑想の系譜に連なっていると思われる。

その理由は、最初に心(意識)を落ち着かせる(リラックスさせる)ために、呼吸などに心(意識)を集中すること自体がサマタ瞑想と言っても過言ではないからだ。

(5) 姿勢と坐法(座法)

武道やスポーツは勿論のこと、何事においても正しい姿勢で行なうことが重要であるように、瞑想においても正しい姿勢で行なうことが極めて重要である。

姿勢を正しく決めると力や効果は十分に現われるが、姿勢が正しくないと力や効果は半減する。

また、体の姿勢を正しくすると、心(意識・精神)まで明るく伸びやかで積極的に整ってくる。

ただし断わっておくが、「姿勢」というのは人それぞれ骨格によって異なっている。

骨格が固まる幼児期において、横向きでよく寝ていた人は、肩が湾曲したり猫背気味の骨格になっている場合がある。

両親が姿勢にまで気を付けていて、上向きで寝ていた人は、肩は湾曲せずに胸を張った伸びやかな骨格になっている。

さらに、高齢になると、どうしても猫背気味の骨格になってくる。

そのため、ここでいう「正しい姿勢」とは、人それぞれ異なっている骨格において、出来るだけ背筋を伸ばし体を真っ直ぐにしている姿勢をいう。

誰でも経験したことがあるように、悲しい時や悩んでいる時、または仕事や学業が希望に反した結果になって落胆した時など、肩が落ちて前かがみの姿勢になっている。

その姿勢のままでいると、いつまで経っても心はその状態、すなわち「マイナスの心の状態」を脱することは出来ない。

ところが、アゴを引いて背筋を伸ばし体を真っ直ぐにすると、すなわち姿勢を正しくすると、そういう〝マイナスの心の状態〟から〝やる気と希望の状態〟(プラスの心の状態)に変わってくる。

次に坐法(座り方)について説明するが、坐法は瞑想を中断しないような安定した座り方がよく、しかも楽な座り方がよい。

人それぞれ体の柔軟さに個人差があるが、出来るだけ少々きつくても安定した坐法がよい。

座る回数を重ねるうちに、きつさは和らいでくるので、一ランクでも安定した坐法がよい。

勿論、坐法においても、正しい姿勢が重要である。

以下に紹介する3つの坐法とも、背すじを伸ばして、前後、左右に反ったり傾いたりしないようにする。

まず、座ぶとんを2枚用意し、一枚を二つ折りにして、もう一枚の上に置いて、その上に尻を乗せる。

1．結跏趺坐(けっかふざ)……最も安定した坐法

(手順1)両足を前に伸ばして座る。

(手順2)右足を曲げて、左の太腿の上にのせる。
この時、踵が下腹につくように深くのせる。土踏まずは上を向く。

(手順3)つぎに、左足を曲げて、右の太腿の上に同じように深くのせる。
尚、右足と左足は、逆でも構わない。

2．半跏趺坐(はんかふざ)……結跏趺坐よりは安定度はないが、その分、楽に座れる。

(手順1)両足を前に伸ばして座る。

(手順2)つぎに、あぐらをかくように座る。

(手順3)右足のみ左の太腿の上にのせる。
この時、踵が下腹につくように深くのせる。土踏まずは上を向く。

体の柔軟さに個人差があるので無理をすることはないが、出来るならば右足の膝頭が浮かないようにするのが望ましい。

尚、右足と左足は、逆でも構わない。

3．正　座

（手順1）普通の正座で座る。

（手順2）両方の膝頭に、こぶしが2つ〜3つほど入るぐらいの間隔を開ける。

⑹　呼吸法

私たちが生きていく上で、食べ物を摂り、水を飲み、呼吸をすることは必要不可欠なことである。それらの中で、呼吸ほど必要性において緊急度の高いものはない。

食べ物は1日や2日食べなくても生命には支障はないし、水も数時間飲まなくても我慢できないことはない。

ところが、呼吸は10分間もできないと大抵は死んでしまう。どんなに訓練を積んだ人でも20分も30分も呼吸を止めていることはできない。

このように生命を維持する上で重要であり、かつ必要不可欠なものであるにもかかわらず、呼吸ほど通常忘れ去られ、なおざりにされているものはない。

しかし、瞑想においては呼吸を最も重要視し、まず始めに「瞑想の呼吸」を訓練する。

日常、無意識に行なっている呼吸は、胸を膨らませたり縮めたりして行なう「胸式呼吸」である。しかも、肺活量をわずかしか使っていない、いわゆる浅い呼吸である。

瞑想ではこの胸式呼吸ではなく、腹部の収縮と弛緩(縮めたり弛めたりすること)による呼吸「腹式呼吸」により行なう。腹式呼吸は、腹部をポンプのように使う、いわゆる深い呼吸である。

それでは、なぜ瞑想においては腹式呼吸を行なうのかというと、それは深いリラックス状態に入ることが出来るからである。

その理由として、２つを挙げることができる。

まず、１つ目の理由として、

腹式呼吸を行なうことにより、腹部には圧力がかかる。

それがどういう効果をあらわすかというと、自律神経の中枢は、腹部の太陽神経叢にある。腹式呼吸によって生ずる腹圧は、この太陽神経叢に刺激を与える。

この腹圧による絶えざる刺激により、自律神経はつねに活発に働くようにコントロールされているのである。

ふつう、精神的ショックを受けた時は、交感神経の働きで、アドレナリンなどの強い昂奮剤が過剰分泌される。

ところが、腹式呼吸により、自動的にその緊張・昂奮を緩和するように副腎の副交感神経が働いて、昂奮抑制剤であるアセチールコリンの分泌が行なわれる。

この作用によって、血管は拡張し血圧も下がり、心身の昂奮はおさまってリラックスするのである。

2つ目の理由として、

「脳がこの種の呼吸にだまされる」のではないかというのである。

すなわち、ゆったりとした滑らかな呼吸は睡眠時の呼吸に似ており、脳はその呼吸にだまされて睡眠状態に相応する信号を出すために、心身が深いリラックス状態になるのではないかという。

理由はともかく、実際上、瞑想においては腹式呼吸が基本であり不可欠なのである。以下に説明する呼吸は、基本的には全て腹式呼吸である。

呼吸の回数は、私たちは普通1分間に15回ほど呼吸をしているが、ここでは1分間に6回から8回を目安にする。

瞑想を行なうと、呼吸の回数は自然に少なくなってくるが、1分間に6回から8回ぐらいから心身ともにリラックスしてくる。

ここで、腹式呼吸における注意事項を述べる。

①. 腹式呼吸における腹の動きは、必ず前後運動でなければならない。
絶対に上下運動をしてはならない。上下運動すると横隔膜を圧迫することになる。

横隔膜が圧迫されると、肺や心臓も圧迫されるので血圧も高くなり、健康を害することになる。呼吸が苦しくなったり、めまいがしたり、心臓が苦しくなるなどの体の不調を覚える。

こんな腹式呼吸では瞑想は長く続かないし、おまけに健康も損なってしまう。

②. 私たちが普段行なっている呼吸は胸式呼吸である。
普段の胸式呼吸は横隔膜への圧迫はほとんどない。

深呼吸でも横隔膜への圧迫はあまりない。


ところが、腹式呼吸は必ず横隔膜への圧迫がある。

たとえ意識的に、腹の動きを上下運動にならないように、腹を膨らませたりへこませたりの前後運動だけの腹式呼吸であっても、必ず横隔膜への圧迫がある。

それは、腹部に力を入れて前後運動しているからである。

この場合は、必ず横隔膜は上下に動いている。

③. そこで、横隔膜への圧迫を出来るだけ少なくするように、腹部に力を入れずに穏やかに軽く腹を膨らませたりへこませたりすることが、腹式呼吸の奥義であり秘伝である。
この場合は、横隔膜はほとんど上下に動かずに、腹の動き(前後の動き)に従っている。

すなわち、無理にというか意識して腹式呼吸を行なうのではなく、自然に穏やかに腹式呼吸を行なうのである。

そのため、横隔膜への圧迫が少ない腹式呼吸が出来るまでは、呼吸法(腹式呼吸)の訓練を主としたトレーニングを行なった方がよい。

尚、新型コロナウイルス感染症対策として、マスクの着用が日常的に行われているが、マスクを着用しての鼻呼吸は、腹式呼吸を無意識に行なっている場合が多い。

その訳は、マスクを着用しての呼吸は少し息苦しい。息苦しいと、口呼吸になるか、鼻呼吸のままでは腹式呼吸を無意識に行なうようになる。そこで、最初はマスクを着用して練習すると、腹式呼吸の習得や上達が早い。重要なポイントは、時々腹部を意識することであり、それにより腹式呼吸を維持できる。

尚、横隔膜とは呼吸運動に関する筋肉の1つで、哺乳類にのみ存在するものである。胸腔(胸部)と腹腔(腹部)の境界にある筋板であり、胸腔(胸部)側にドーム状(円蓋状)に盛り上がるように存在している。横隔膜の収縮によって円蓋を下げ、胸腔(胸部)を拡げる。すなわち、呼吸の際に大きな役割をする。

1. 自然呼吸法

(手順1) しばらく普通の呼吸をして、呼吸を整え、心身ともにリラックスさせる。

（手順２）息を吐く時は、腹部を凹ませるようにして、肺の中の空気を吐き出す。

（手順３）息を吸う時は、腹部をゆるめることで、それにつれて肺の中に外気を吸い込む。

２．反式呼吸法　（または逆式呼吸法）……自然呼吸法と反対の呼吸

太極拳では、腹式逆呼吸法と称して、極意として研究されているという。当呼吸は、自然呼吸よりも腹部（腹筋）は勿論のこと横隔膜にも負荷がかかる。そのため、出来るだけ横隔膜が上下運動しないように注意する必要がある。


（手順１）しばらく普通の呼吸をして、呼吸を整え、心身ともにリラックスさせる。

（手順２）自然呼吸法とは反対に、息を吐く時に腹部を膨らませて、その動作とともに肺の中の空気を吐き出す。

（手順３）息を吸う時は、腹部を凹ませて、その動作とともに肺の中に外気を吸い込む。

３．火の呼吸法

ふいご式呼吸法ともいい、鍛冶屋が使う「ふいご」のように、腹部を激しく凹ませたり、膨らませたりすることで呼吸する。

この呼吸において、両方の鼻孔で行なう方法と、片方の鼻孔を手でふさいで、もう片方の鼻

孔のみで行なう方法とがある。

当呼吸は、自然呼吸よりも腹部(腹筋)は勿論のこと横隔膜を激しく動かすので、横隔膜の上下運動は避けられない。そのため、長い時間とか頻繁に行なうことは避けたい。

(手順1) しばらく普通の呼吸をして、呼吸を整え、心身ともにリラックスさせる。

(手順2) 息を吐く時、激しく腹部を凹ませることで、肺の中の空気を吐き出す。

(手順3) 息を吸う時は、ただちに腹部をゆるめることで、肺の中に外気を吸い込む。

(7) 時 間

瞑想を行なう時間帯は、できれば早朝の起床直後か夜の就寝前が望ましい。

しかし、仕事や家事などの都合上、なかなか時間を作ることが出来ない場合には、20分でも30分でも時間を作れる時間帯でも構わない。

休憩時間や昼休み時間または日中の空いた時間などを利用して行なったらよい。

上達してくると、いつでもどこでも出来るようになる。

たとえ人混みの中であろうとも出来るようになるので、朝夕の通勤時間に電車やバスの中で行なうこともできる。

そうは言っても、瞑想にある程度慣れるまでは、早朝の起床直後か夜の就寝前に行なうように工夫してほしい。

⑻ 注意事項

トレーニングを行なう上での注意事項を、以下に示す。

①. 心身ともにリラックスするように心がける。
呼吸を整え気持を落ち着けて、ゆったりとした気分を心掛ける。

②. 怒り、憎しみ、焦り、不安などのマイナスの感情は持たないで、喜び、感謝、希望などのプラスの感情を持つようにする。
マイナスの感情を持つと、それにとらわれてしまい瞑想どころではなくなる。マイナスの感情にいったんとらわれると、それを振り切っても後から次々に現れてくるので、心身ともに疲弊してしまう。

③. トレーニング中は、淡々とした気持を心掛ける。
「絶対に出来るようになるんだ」というように、意気込んだり思い詰めないようにする。こういう気持の時には、心は緊張状態になっており、上達の阻害にしかならない。

「出来るようになったらいいなぁー、楽しいだろうなぁー」ぐらいの、楽な気持でトレーニングすると上達が早い。

④. 瞑想は毎日行なうようにする。短い時間でもいいから、とにかく毎日行なうこと。
週に1回まとめて2時間瞑想するよりも、15分でもいいから毎日1回瞑想する方がはるかに上達が早い。とにかく習慣化するように、時間を決めて行なうことが望ましい。

⑤．これは瞑想だけではなく全てのことに当てはまることだが、トレーニングを開始したらマスター(習得)するまで決して諦めることなく続けることが大切である。

目的地に向かって、一歩でも二歩でも諦めることなく歩き続けていると、いつかは目的地に辿り着くことができるが、そこで諦めて歩くのをやめてしまうとそれまでである。

瞑想もそれと同じで、諦めることなくトレーニングを続けると、いつしか上達してくる。習慣になるまでは、熱意を持って取り組むようにすることが最も大切である。

(9)〔一次第〕「初禅」の瞑想法の実施手順

「初禅」は、サマーディ(静慮)の完成に向けての四つの瞑想段階の最初の段階である。「初禅」を達成(完成)しても、まだサマーディ(静慮)の達成(完成)ではない。

しかし当然のことではあるが、「初禅」を達成(完成)できないと、サマーディ(静慮)は達成(完成)できない。

そういう意味では、「初禅」は非常に重要である。

「初禅」の重要性を例えるとしたら、垂直飛びをする際の、事前の膝を曲げる動きに例えることができる。

高くジャンプする(飛び上がる)ためには、できるだけ膝を曲げて反動する力を十分に蓄えなければならない。

それと同じように、サマーディ(静慮)を達成(完成)するためには、「初禅」において、心(意識)が客体(花、石、置物、呼吸そのもの)に無意識に集中している状態に完全にならなければならない。

そういう状態に心(意識)が完全になっているかどうかの基準が、釈尊が言う「広大で纏わりつかない心(意識)になっていること」なのである。

これができてようやく、サマーディ(静慮)の達成(完成)が身近になってくる。

(手順1)　座布団から1mほど離れた位置に、見つめるための物(客体)を置く。例えば、鉢植えでも良いし、ポットとか花瓶でも良い。

物(客体)は、自分が見つめ易い物であれば何でもよい。そして、物(客体)を中心として1m半径内には何もない状態にする。

物(客体)だけを見つめて、物(客体)だけに集中できる状態にする。部屋の明るさは、昼間に部屋の電灯を消した明るさ程度とする。暗くしたい場合でも、夕暮れ時の薄暗い明るさ程度は確保する。

(手順2)　心身をリラックスさせる。

結跏趺坐もしくは半跏趺坐または正座をして、ゆっくりと腹式呼吸を行なう。呼吸法は、自然呼吸法と反式呼吸法のどちらでもよく、やり易い方で構わない。

(手順3)　心身がリラックスしたら、物(客体)を見つめる。

最初のうちは、眼は普通通りに開ける。眼を半眼(半開きの眼、うす目)にすると、見つめるうちに眠くなる恐れがある。慣れてきて、かつ眠くなる恐れがない場合は、半眼にして行なうとよい。

(手順4)　物(客体)に集中できるようになるまで見つめ続ける。

どうしても、雑念や妄想にとらわれて集中できない場合は、その日は終了とする。

（手順5） 次の日に、同じように（手順1）～（手順4）を実践する。
雑念や妄想にとらわれずに集中できる状態になるまで、毎日諦めずに、（手順1）～（手順4）を繰り返す。

（手順6） 雑念や妄想にとらわれずに集中できる状態になることが出来たら、その状態を5分ほど継続してから、その日は終了とする。
雑念や妄想にとらわれずに集中できる状態は、極端に難しいものではないので、2～4週間程度で出来るようになると思う。

（手順7） 雑念や妄想にとらわれずに集中できる状態を10分以上継続できるようにする。
もし、手順7開始後から2週間トライしても、10分以上継続できない場合は、
① 呼吸（息の出し入れ）に意識を集中するか、
② 称名（ナムアミダブツ）または唱題もしくは真言とかを唱えて、そのことに意識を集中すると、雑念や妄想にとらわれずに集中できる。尚、唱える時の声は小さくして、唱える速さはゆっくりとする。もちろん、無言で心の中で唱えても構わない。
①、②を2～3週間ほど行なうことで、①と②なしでも10分以上継続できるようになると思う。
参考までに、筆者が意識を集中する場合は、時間的に余裕がある時には、「アー

オーウーン」と唱えて意識を集中するし、時間的に余裕がない時には、クンバクして意識を集中する。これらの方法も効果があると思う。

そうして10分以上継続できるようになると、呼吸（息の出し入れ）は極めてゆっくりとなり、さらに呼吸をほとんどしていない状態にまでなってくる。

前述した「真息（しんそく）・胎息（たいそく）」の状態にまでなってくる。これも、重要なポイントであり、目印（道案内）である。

（解説）　クンバク（またはクンバカ）

クンバクは、クンバク呼吸法とも言うが、息を吸ってから、一時的に呼吸を止めることである。筆者はその際、下腹部に軽く力を入れて、下腹部と肛門を同時に締めている。

（手順8）　次に、全身の皮膚にも意識（心）を置きながら、物（客体）を見つめ続ける。

その理由は、心身がリラックスするにつれて、心（意識）の奥底から湧き上がろうとする記憶や妄想が、全身の皮膚にわずかでも意識（心）を置くことで湧き上がるのが遮断されるので、物（客体）への集中は中断されない。全身の皮膚と物（客体）への意識配分は、一対九か二対八程度とする。

もし、気を感知し、気を操作することができる人の場合は、全身に気を感知しながら、物（客体）を見つめ続けるとよい。

（手順9）15～20分ほど物（客体）を見つめ続けても、何も変化がなければ、その日は終了とする。

（手順10）次の日にも、同じように（手順1）～（手順9）を実践する。喜びが自然にこみ上げてくる心（意識）の状態になるまで、毎日諦めずに、（手順1）～（手順9）を繰り返す。

尚、（手順1）～（手順9）を繰り返すだけでも、瞑想の効用（効果）は必ず得られるので、この段階でも心身ともに驚くような変化（効果）に気づくはずである。瞑想の効用（効果）については、後の解説で詳しく述べている。

（手順11）喜びが自然にこみ上げてくる心（意識）の状態になることが出来たら、その状態を5分ほど継続してから、その日は終了とする。

（手順12）次の日も同じように（手順1）～（手順9）を実践して、前日と同じように喜びが自然にこみ上げてくる心（意識）の状態になることが出来るようにする。もし、出来なかった場合には、その日は終了とする。

順調に進むことの方がめずらしいので、何も落胆することはない。そして、その次の日から初心に帰って、（手順1）～（手順9）を実践する。

（手順13）二日連続で、喜びが自然にこみ上げてくる心（意識）の状態になることが出来るようになったら、次は1週間は継続できるようにする。

（手順14）その段階で、自分の心（意識）の状態を観察する。

こみ上げてくる喜びを、冷静に味わうような心(意識)の状態であれば合格である。

別の表現をすると、「幸せな気分」とか「幸福感」を感じるようになるまで、(手順1)〜(手順9)を実践する。


(手順15)　引き続いて、(手順1)〜(手順9)を実践する。心(意識)が「一境性」の状態になるまで、毎日諦めずに実践する。

前述したように、「一境性」の状態とは、意識して心(意識)を集中している状態から、意識することなく心(意識)を集中している状態になることを言う。

心(意識)が客体(花、石、置物、呼吸そのもの)に無意識に集中している状態を言う。

この状態は、一時的に無念無想の状態になっており、何かに没頭して一時的に無念無想の状態になっているのと似ており、「定に入る」という表現をすることもある。

ここまで出来たら「初禅」はほぼ習得となるが、しかしまだ仮習得(仮免許)である。


(手順16)　「初禅」を仮習得できたら、釈尊がいう「広大で纏わりつかない心(意識)」になっていることを確認する。

頭で確認(理解)しようとするのではなく、体で確認(理解)しようとしなければ、本当の確認(理解)は得られない。

意識的な観想(イメージ)で確認(理解)しようとするのではなく、体で自然に感じるような確認(理解)でなければ、本当の確認(理解)とは言えない。

最初は分からなくても、(手順15)までを繰り返すうちに、分かるようになる。釈尊がいう「広大で纏わりつかない心(意識)」を、再度以下に示す。

わたしの意欲は精勤に過ぎるということはなく、
また退縮に過ぎるということはなく
内側に収まることなく
外側に散らばる事はなく、
前後に想があって静寂であり、
左右に想があって静寂であり、
後ろは前のように
前は後ろのように
右は左のように
左は右のように
上は下のように
下は上のように
夜は昼のように
昼は夜のようになっている状態である。

ここまで出来たら「初禅」は習得(終了)となり、本当の習得(免許)である。

もし、幼児時代に偶然にサマーディ(静慮)の経験がある場合は、次からの第二禅以降の修練を行なわないでも、この時点で一気に、サマーディ(静慮)を達成できる可能性がある。

（解説）　瞑想とは何か、瞑想の効用とは何か

それでは、「瞑想する」とは、具体的に、どうすることなのであろうか。

また、「瞑想の状態」とは、具体的に、どういう状態になることなのであろうか。

それは、端的に言えば、次のように言い表すことができる。

「瞑想する」とは、外界に向けていた心（意識）を、自分（心）の内側すなわち内界に集中して、その心（意識）を、深い意識（潜在意識・深層意識）まで深めていくことである。「瞑想の状態」とは、そういう深い意識の状態になることである。

すなわち、「瞑想の状態」とは、一種の「トランス状態」である。

尚、「トランス状態」とは、「例えば、催眠中に見られる、心身ともにリラックスした、深く沈んだ特殊な意識状態」を、そのように称している。

そういう深い意識の状態（トランス状態）になると、次のような現象（効用）が生じる。

① 心身が弛緩し、リラックスする。
② 意識（心）が安定して、一つの対象に集中できる。
③ 意識（心）が外界から内界へ移り、さらに深い意識の層へと移る。
④ 忘れていた過去の記憶が、鮮明によみがえる。
⑤ 意識することなく危険を避けるなど、本能的・直感的な能力が高まる。
⑥ 一時的な幼児帰り（退行）
⑦ 被暗示性が高まって、心身双方の交流が良くなり、心身の悪癖やひずみの解放・修正が促

進される。

⑧ 自分自身の思考、行動、感情を、客観的に判断できるようになる。

その結果、

⑨ 心(意識)の動きを抑制できるようになる。すなわち、自分の心身を意識(心)でコントロールできる条件の一つを得ることができるようになる。

さらに、

⑩ ストレス症である様々な心身症を癒す効用がある。

⑪ 自己疎外や孤独感、人間関係の悩みの解消につながる効用がある。

そのほか、

⑫ 意志を強くする効用

⑬ 脳のはたらきをよくする効用

⑭ 自分をつくりかえる効用

も挙げることができる。

これらは、私達がよりよく生きていく上で、実に必要なものばかりである。

ここで、〝一時的な幼児帰り(退行)〟について説明すると、年齢退行とも言われ、たとえば催眠状態での暗示によって、被験者の生涯を、中年期から青年期へ、さらに幼児期へとさかのぼらせることである。

その際、過去の体験をあたかも目の前で見ているかのように、アリアリと思い出すことができ、催眠性の記憶増加として古くから知られている現象である。

このような深い意識の状態(いわゆるトランス状態)は、催眠療法だけではなく、瞑想によっても得ることができる。

それでは、「催眠療法の治療過程におけるトランス状態」と「瞑想の意識状態」とは、全てにおいて同じものであるのだろうか。いや、根本的に違うのである。達成できた状態そのものは同じだが、その状態になるまでの過程(プロセス)と方法が全く違うのである。

「催眠療法の治療過程におけるトランス状態」は、催眠術師が被験者を催眠にかけて、催眠術師の誘導によって始めて達成される状態であり、催眠術師の他働的助力が必要なのである。

それに対して、「瞑想の意識状態」は、瞑想を行なう本人自身が瞑想法という技法(技術・方法)を行なうことで、自由自在に達成できる状態であり全く自働的なのである。

⑽〔二次第〕：四静慮(四禅)の第二禅：「尋(じん)」の要素(意識)の消滅化

初期仏教でいう、「尋(じん)・伺(し)・喜・楽・一境性」の五つの要素(課程)を習得することができて初めて得られる心(意識)の段階である四静慮(四禅)の「初禅」を終了(習得)できたら、次は四静慮(四禅)の「第二禅」を修練する。

次の四静慮(四禅)の「第二禅」は、「尋」の要素(意識)の消滅化である。

筆者は、四静慮(四禅)の中では、「第二禅」は、「初禅」と同じくらいに難関ではないかと思っている。

「第二禅」の難しさを別のものに例えると、自転車に乗れない人が、乗るための練習において、何回も挑戦しても、どうしてもうまく乗れずに倒れてしまい、そのため心が折れそうになったりする。そこを踏ん張って練習を続けることで、ようやく自転車に乗ることができるようになる。いったん自転車に乗れるようになると、その後は急速に自転車乗りの技術がうまくなる。両手をハンドルから放しての手放し乗り、急停車、急な方向転換、自転車を停車してのバランス取り、出来るだけゆっくりと進む乗り方、ジグザグに進む乗り方など、自転車の技術が驚くほど上達していく。

「第二禅」の難しさは、初めて自転車に乗れるようになる難しさに似ている。

「第二禅」の難しさを、もう一つの例で表現すると、泳げない人が泳ぐ練習において、まず水に浮く練習から始めるが、何回も挑戦しても、どうしてもうまく水に浮くことができずに、その度に水を飲んで苦しい思いをする。

その苦しい思いに耐えて練習を続けることで、ようやく水に浮くことができるようになる。いったん水に浮くことができるようになると、そのあとは、平泳ぎ、クロール、背泳ぎと急速に泳ぐ技術がうまくなる。

「第二禅」の難しさは、初めて水に浮くことができるようになる難しさにも似ている。

四静慮(四禅)の「初禅」は、前述の〝散乱する心を力技でねじ伏せて一点に集中していく技法〟の要素も確かにあるが、最終的には〝意識することなく物(客体)に集中している状態〟である。そのために、心(意識)は客体(花、石、置物)に束縛された状態なのである。

そうした〝客体(花、石、置物)に束縛された状態の心(意識)〟を、集中している状態は維持したままで、一見矛盾するようだが、束縛された状態から解放していく技法が「第二禅」なのである。

具体的には、意識することなく物(客体)に集中している状態の心(意識)を、心の内面に落とし込んでいくのである。

言葉(文章)にすると矛盾するように思うかもしれないが、物(客体)への集中を保ちつつ、心(意識)を心の内面(奥底)に沈めていくようにするのである。

「尋(じん)」の要素(意識)の消滅化というよりも、最小限の「尋(じん)」の要素(意識)を保持しつつ、心(意識)を心の内面(奥底)に沈めていくようにするのである。

最小限の「尋(じん)」の要素(意識)を保持するためには、物(客体)を眼で見ることをそのまま続けるのである。物(客体)を眼で見続けることが、最小限の「尋(じん)」の要素(意識)の保持である。その上で、心(意識)を心の内面(奥底)に沈めていくようにするのである。

もし、気(のエネルギー)を感知し操作することができるならば、すなわち気功がある程度できるならば、気(のエネルギー)を頭頂から背中や腹部に降ろしていくような要領で心(意識)を心の内面(奥底)に沈めていくようにするのである。

四静慮(四禅)の「第二禅」は、これが出来るようになると終了(習得)となる。

尚、〔二次第〕「第二禅」の瞑想法の実施手順は割愛する。

以上の解説を参考にして試行錯誤することで、自得できるはずである。

⑾（三次第）：四静慮（四禅）の第三禅：「伺（し）」の要素（意識）の消滅化

次の四静慮（四禅）の「第三禅」は、「伺（し）」の要素（意識）の消滅化である。「伺（し）」という課程は、客体（花、石、置物、呼吸そのもの）に集中して観察している状態のことを言うが、実は、「尋（じん）」ができるようになったら、「伺（し）」も同時に実践している。と言うことは、「尋（じん）」の要素（意識）の消滅化ができるようになったら、「伺（し）」の要素（意識）の消滅化も同時に実践している。

そのために、「伺（し）」も「尋（じん）」と同じように、「伺（し）」の要素（意識）の消滅化というよりも、最小限の「伺（し）」の要素（意識）は保持している。

四静慮（四禅）の「第二禅」がスムーズに、そして繰り返し出来るようになった段階で、四静慮（四禅）の第三禅は終了（習得）となる。

この段階では、まだ「喜」と「楽」の要素（意識）は残っている。

⑿（四次第）：四静慮（四禅）の第四禅：「喜」と「楽」の要素（意識）の消滅化
：第四禅の「三昧（サマーディ）」への最終段階

次の四静慮（四禅）の「第四禅」は、「喜」と「楽」の要素（意識）の消滅化である。物（客体）を眼で見続けながら、心（意識）を心の内面（奥底）にさらに深く沈めていく。これを続けていくと、心(意識)にある変化が生じてくる。

それは、喜びが自然にこみ上げてくる心(意識)の状態が薄れることである。いや、〝薄れる〟という表現は正しくないかもしれない。

それよりも、〝変質(性質が変化)する〟という表現の方が正しいかもしれない。

ここで立ち止まらずに、心(意識)を心の奥底に、さらに深くさらに深くと沈めていく。


ここからは、奥義とか秘伝と言ってもよい注意点を述べたい。

実は、「心(意識)を心の内面(奥底)に沈めていく」ことさえ、逆効果になる危険性が潜んでいる。

「心(意識)を心の内面(奥底)に沈めていく」ことに集中し過ぎてはいけない。またまた矛盾するように思うかもしれないが、「心(意識)を心の内面(奥底)に沈めていく」ことに集中しすぎると、心はそのことに束縛されてしまう。

心は束縛され限定されて、その段階で停滞してしまうのである。

それを防ぐには、どうすればいいのか?

うまい表現とは言えないが、「心(意識)を心の内面(奥底)に沈めていく」ことに、「ぼんやりとして、ぼうっとして、集中するというか取り組む」のである。

別の表現としては、「心(意識)を心の内面(奥底)に沈めていく」ことに、「心を空(無)にするようにして、取り組む」のである。


そうすると、突然、「喜」と「楽」の要素(意識)がなくなる。

そして、さらにさらに瞑想が深まった瞬間、次元を飛び越えたかのように(スコーンと)心(意識)

は客体(花、石、置物)と化す。心(意識)は客体(花、石、置物)そのものになる。

「三昧(サマーディ)」にもいくつかの種類(状態)があるが、この状態までなると第四禅で体験される「三昧(サマーディ)」の達成(完成)である。


ここで明確にしておきたい事がある。

「三昧(サマーディ)」にもいくつかの種類(状態)があると言ったが、それは同化(融合)する客体の種類の違いであり、あくまでも「三昧(サマーディ)」の本質は一つである。


一般的に「三昧(サマーディ)」とは、瞑想する主体(自分)と瞑想対象とが融け合ったような合一感として体験される心(意識)の段階と言われている。

第四禅で体験される「三昧(サマーディ)」も、瞑想する主体(自分)と瞑想対象とが融け合ったような合一感として体験されるのだが、まだどこかで肉体とつながっている感覚が残っている。

「瞑想する主体(自分)と瞑想対象とが融け合ったような合一感」を、もっと具体的に説明すると、空間的には離れている瞑想対象(花、石、置物)に、自分(の意識)が乗り移っている感覚である。


筆者の場合、瞑想対象は、噴水や置物などの現実の存在物であった。心(意識)は瞑想対象そのものになった感覚になるが、別の表現にすると、心(意識)は瞑想対象に乗り移っているが、それでも心(意識)は完全には肉体を離れてなく、部分的に肉体とつながっている感覚である。

この主客未分の感覚、主客融合の感覚を繰り返すにつれて、それと同時に快楽で至福な気分(性的エクスタシーを超えた至福感)もはっきりと体験されるようになった。

この快楽で至福な気分は、四静慮(四禅)の「初禅」で体験する〝喜・楽〟の比ではない。恥ずかしい話だが、この快楽で至福な気分を求めて、その日から毎日会社から帰宅すると、この第四禅の「三昧(サマーディ)」の瞑想からさらに発展していった「快楽の瞑想」を行なっていた。

この瞑想は、快楽に浸っているために寝食を忘れるほど何時間でも行なうことができた。

筆者は、「快楽の瞑想」を続けていくうちに、仙道修行の高度な段階で発現するという「馬陰蔵相」の状態が発現したので取り止めた。

「馬陰蔵相」の初期の段階だったが、それでも心と体を完全に元に戻すのに1か月ほど要した。しかも、その1か月間は、〝心と体を完全に元に戻す〟ために、多くの工夫と努力と時間を注がざるを得なかった。

尚、〔四次第〕「第四禅」の瞑想法の実施手順も割愛する。

⒀　〔五次第〜八次第〕：「四無色定」という四つの段階(三界でいう無色界の意識)

「四無色定」という瞑想によって、色界の意識から無色界の意識へと高めていく。

ここでも、具体的な詳しい内容は仏典には記されてはいない。

筆者の体験を基に説明したいと思う。

四静慮(四禅)を習得(終了)できると、色界の意識となる。

四静慮(四禅)を習得(終了)できると、〔五次第〜八次第〕への挑戦が可能になる。

⒁〔五次第〕：空無辺処：無限なる空間との合一感すなわち大空との合一感

空無辺処についてのこれまでの解説は、字句(言葉)の上だけの解説というか、哲学的な解説というか、とにかく具体的な瞑想まで言及した解説はなかった。

一例を挙げると、

空無辺処とは、物質的存在がまったく無い空間の無限性についての三昧の境地を指している。

など、具体的にどういう瞑想なのか、どういう感覚なのか、そして、どのように実践すればいいのかについては全く言及していない。

筆者は、「空無辺処」にトライしてみようと思い、まずは「空無辺処」という字句(言葉)を吟味することから始めた。

字句から推測すると、無限なる空間との合一感すなわち大空との合一感として体験される心(意識)の段階である。

字句の吟味の最中に、学生時代の〝恐怖心を覚えた或る出来事〟を思い出した。

大学に入学してまだ日が浅い頃(5月か6月頃)に、予期せずに偶然に体験した出来事だが、そのことを思い出した。

それは、土曜日のさわやかに晴れ渡った日の記憶である。

講義を終え昼食を済ませて学生寮の2階の自分の部屋に戻ってから、窓を開けて、「さわやかな青空だなぁ」と大空を見上げていた。

なぜか、そのまま15～20分ほどぼんやりと無念無想で空を見つめていた。

今から思うと、確かに瞑想そのものであった。

心(意識)は大空に溶け込んでいた記憶がある。


そのあと、視線を中庭の植え込みに移した。

理由は不明だが、その時はどうも感傷的になっていたのかもしれない。

なぜか、「大空(宇宙)は広大なのに、何て人間(自分)は小さな存在なのだろうか」とか「大空は永遠なのに、それに比べて人間の寿命は一瞬にしか過ぎない」とか「大空(宇宙)にとっては、自分は存在しても存在しなくてもどちらでもいい、ゴミ粒のような存在でしかない」という思いが湧いてきた。そして、心(意識)はその思いにすっかり捉われてしまった。不思議なことに、心(意識)はその思いから抜けられなくなった。

すると、しだいに視界が狭まってきたのである。

中庭の植え込みを中心にして、その周りの景色が次第に狭まってきた。それなのに、焦りとか恐怖とかは全く感じなかった。

その時、タイミングよく寮内放送があり、放送の声でハッと我(われ)に返ったのである。

当時の学生寮は部屋数が各階で5～6部屋ある木造二階建てのアパートで、同じような造りのアパートが6～7棟ほどあり、しかも広いグラウンドやテニスコート3面を備えた小学校や中学校並みの広い敷地であった。

寮内放送の声は、寮の敷地内だけではなく、寮から100~200mほど離れた所にも届くほどの大きな音声だった。

その頃はまだ寮内放送の大きな音声に慣れてなく、〝騒音に近い音声〟だと煙たがっていたのだが、その時には寮内放送に助けられたような気がして、なぜか安堵していた。そして、二度と無念無想で空を見つめてはいけないと思った。

それ以降は、無念無想で空を見つめたことはなかった。

その後、大学を卒業し会社に入社してから、新聞か何かの本で、「自殺を考え込むと視界が狭まってくる」という文章を読んだ時に、当時の記憶が鮮明に蘇ったのである。

そして、「あの時の体験がその一歩手前だったかもしれない」と思った途端に、心底強い恐怖心を覚えた。そのことを思い出したのである。

そして、その体験を手掛かりに、試行錯誤した結果、「空無辺処」だろうと思われる「無限なる空間との合一感」すなわち「大空との合一感」を体験することができた。

ここでは、筆者が体験した「空無辺処」を具体的なやり方まで言及して解説したい。

字句から推測すると、無限なる空間との合一感すなわち大空との合一感として体験される心(意識)の段階である。

瞑想対象(客体)を大空(無限なる空間)にするのは、それまでの物の客体(花、石、置物)とは違って、一段と難しくなる。

筆者がいろいろと試してみて最終的に成功した方法とその時の状況を、次に示す。

①それまで心に強く決めていた自分自身の禁を破って、久し振りに大空に心(意識)を集中することにしたのである。

部屋の窓辺で椅子に座って、窓から外の景色をぼんやりと眺めながら、心(意識)を外の景色の一か所に集中していった。

②意識して心(意識)を集中している状態から、意識することなく心(意識)を集中している状態すなわちサマーディの前段階の心(意識)の状態になった。

③その状態になってから大空に視線を移して、大空に心(意識)を集中した。すなわち、無念無想で空を見つめた。

尚、大空に心(意識)を集中する際、二つの段階を踏んでいる。

(段階1)　まずは、青空に浮かぶ雲の一つに心(意識)を集中した。ここでも、サマーディの前段階の心(意識)の状態を保持する。

(段階2)　その上で、雲の一つから視線を移して、それも含めた大空全体に心(意識)を集中した。

(解　説)

大空といっても、いろんな大空がある。

・　海辺で見る大空、視界には遠くに見える島や半島、そして水平線がある。
・　山上から見る大空、視界には連なる山脈(やまなみ)、遠くに聳える山々がある。
　それらは非常に美しく神秘的で、つい見とれてしまう。

ここで念を押したいのは、そういう時の心境は(段階2)での心境ではない。おそらく、そういう時にも〝無念無想〟にはなっているものと思う。(段階2)でも〝無念無想〟になっている。しかし、「そういう時の〝無念無想〟」と「(段階2)の〝無念無想〟」とは大きく異なる。「そういう時の〝無念無想〟」の心(意識)は、厳かな美しい風景に束縛され限定されている。厳かな美しい風景に心(意識)を奪われている限り、〝大空との合一感〟は不可能である。人によっては、「〝厳かな美しい風景に心(意識)を奪われていること自体〟が〝厳かな美しい風景との合一感〟ではないか」と思うかもしれないが、三昧(サマーディ)の合一感とは別物である。三昧(サマーディ)の合一感とは、対象との一体感であり、心(意識)は対象そのものになっている。そのため、ここで対象にする大空は、厳かな美しい風景に心(意識)を奪われることが極力少ない〝部屋から見える大空〟の方が適していると思う。

ただし、〝無念無想〟の心境を習得したり、瞑想を上達するためには、静寂な美しい風景に囲まれた場所が適しているのは言うまでもない。

④　時刻は昼すぎになっており、部屋の照明は点けてはいない。

⑤　大空を目にして大空を瞑想対象にしていると、次第に心(意識)は大空そのものになった気持になるが、ここでも完全には肉体を離れてなく、どこかで肉体とつながっている感覚である。しかし、〝大空(という空間)との合一感〟と〝噴水や置物などの存在物との合一感〟とでは、明らかに違いがある。

〝噴水や置物などの存在物との合一感〟の場合は、心(意識)は噴水や置物に集中していって、言わば自分が客体に乗り移るように一体化する感じだが、〝大空(という空間)との合一感〟の場合は、大空(という空間)には姿・形がなく、どこか漠然としていて、心(意識)はどこまでも拡大していき、大空(という空間)に融け込むように一体化するという感じである。

そのため、〝大空(という空間)との合一感〟では、肉体とのつながりはさらに漠然としており、〝噴水や置物などの存在物との合一感〟よりも希薄であり、そのせいか「幸せな気分」とか「幸福感」はそれほど体験されない。

大空(という空間)との主客未分の感覚、主客融合の感覚は、当然のことだが、瞑想中だけのものであり、瞑想を終えるといつもの自分に戻る。

この時、三つの重大なことに気づいた。

一つ目は、仏陀釈尊が言われたように、この瞑想だけでは解脱(煩悩の解消)は非常に難しいと理解できた。

二つ目は、九次第定は仏陀釈尊が分類したものではないと実感できたこと。九次第定とは、後世の学者(学僧)が、仏陀釈尊が修行したと伝えられている瞑想法を、単に時系列的に並べたものか、それともある程度は難易を考慮し、瞑想によって得られる心(意識)の境地を、解脱までの九段階に分類したものではないかと実感できたこと。

おそらく、分類した学者(学僧)は、サマーディは体験していたと思われる。

三つ目は、空無辺処についての根本的なある重大なことである。

それは、筆者の大学時代の体験にもあるように、非常に重要なことである。煩悩(我)があまり浄化(解消)していない段階で、「空無辺処」などの高度な瞑想(意識の最深部まで届く瞑想)を行なうと、あのようなマイナス思考に捉われる怖れがある。

⒂　〔六次第〕：識無辺処：無限の意識の領域(感得)

ここでも、筆者が体験した「識無辺処」を具体的なやり方まで言及して解説したい。

この瞑想法であろうという方法に気づくまでにも、かなり時間がかかっている。

この瞑想は、仏陀の瞑想法である「四神足」もしくは「ヨーガ・スートラに説かれているヨガの瞑想」を習練していないと、実践することはとてもじゃないが出来ない。

すなわち、気(のエネルギー)を用いないと、実践することは出来ないのである。

「四神足」の最初の技法である「基本的な心身調節技法」を習得して、気(のエネルギー)を感知し、気を操作する技法が出来ないと、練習(トレーニング)することさえ出来ないのである。

その瞑想法の概要は、次のようなものである。

字句から推察すると、「無限の意識の領域(感得)」は「意識を無限の領域に化す」という意味であるが、無限(無辺)の意味には大空のように無限に広大なものばかりではなく、原子のように極小なものも含まれている。

そこで、意識を広大なものから、極小なものまで自由に合一できるように体験できる心(意識)の段階であると思われる。

ただし、イメージ(空想)で体験するのではない。

すなわち、観想による「意識の拡大」と「意識の縮小」ではない。もっと高度なものであることは、容易に推測される。

実際の体験による「意識の拡大」と「意識の縮小」でなければならない。体験による「意識の拡大」は、〝空無辺処〟で達成(体験)できる。

しかし、体験による「意識の縮小」の方は、そう簡単には分からなかった。「四神足」の高度な段階に進んで、空間瞑想法を編み出し、さらに熟練してから、ようやく分かった。

気(のエネルギー)を自由に駆使することが出来るようになってから分かった。気を十分に濃縮すると、濃縮した気を瞑想対象にすることができるのである。

濃縮した気を実際に客体として、主客合一感を体験することができる。当然のことながら、気は目には見えないので、〝感じる〟という感覚に近い。気(のエネルギー)は、自在にいくらでも小さくできる。非常に小さくした気と一体となった心(意識)は、小さいがゆえに不思議な体験もできる。

勿論、大きくもできる。

ただし、大きくするのは限度がある。それは、気(のエネルギー)が大きくなるにつれて希薄になり、気を客体にすることが出来なくなるからである。いずれにせよ、本来の目的である「解脱(の達成)」には、識無辺処だけでは無理があると思われる。

尚、筆者の著書「四神足瞑想法」の「空間瞑想法」の項目で、そこで解説した技法よりもさらに高度な技法があると述べながら、その高度な技法は省略している。

その高度な技法の一つが、今回の「識無辺処」である。機会があれば、それらの高度な技法をテーマにして紹介できればと考えている。

この瞑想を修練していた最中に、今から思うと非常に不遜・傲慢であったのだが、「なぜ仏陀釈尊はこの瞑想を修練することができたのであろうか?」という疑問が湧いたのである。なんと傲慢にも、上から目線の疑問が湧いたのである。

しかし、その疑問はすぐに氷解した。

その訳は、

仏陀は29歳で城を出て、出家者となった。

最初は、行くあてもなくさまよい歩く放浪のような状況だったと考えられる。放浪の途中で出会った修行者(出家者)達から、有名な修行場というか霊場を教えてもらったと考えられる。

日本にも、有名な修行場というか霊場がある。

たとえば、山伏の修行場としては、「日本三大修験山」として有名な九州の英彦山(ひこざん)・羽黒山(山形県)・熊野大峰山(奈良県)がある。

仏教の修行場としては、比叡山が有名である。

比叡山では、阿弥陀聖と称される空也、浄土宗の開祖法然、浄土真宗の開祖親鸞、臨済宗の開祖栄西、曹洞宗の開祖道元、日蓮宗の開祖日蓮、時宗の開祖一遍など、それこそ日本仏教界の錚々たる名僧達も修行している。

当時のインドにも有名な修行場というか霊場が、当然何ヵ所かはあったのであろう。仏陀はそういう修行場を訪ね歩いて修行されたのであろう。

仏陀もまた、過去に解脱成就された先師達と同じように、無師独悟と伝えられている。

そのため一人の修行者だけに師事したのではなく、多くの有名な修行者達を渡り歩いて、彼らから様々な修行法(もしくはヒント)を学んだと考えられる。

そして仏陀は、それらの修行法を試しながら、そして参考にしながら、一人で黙々と修行を深めていかれたと思われる。

当時のインドの修行者達は、ヨガを必修のように修練していたという。

仏陀もまた、彼らと同じようにヨガを実践していたと伝えられている。

さらに、仏陀はヨガの達人と伝えられている。

ヨガの達人と言うからには、気(のエネルギー)を自由に駆使することが出来るのは当然である。

⒃ (七次第)：無所有処　(アーラーラ・カーラーマの悟りの段階)

無所有処についてのこれまでの解説は、字句(言葉)の上だけの解説で具体的な瞑想まで言及したものではなかったり、たとえ瞑想まで言及したものも「観想」という「想像(イメージ)して行なう瞑想」であり、実際に体験する瞑想ではない。

ここでも、筆者が体験した「無所有処」を解説したい。

筆者は、「無所有処」を二つの意味として捉えて、それぞれに対して実践を試みている。

一つ目は、
字句から推測すると、「所有するものは何も存在しない領域(感得)」の意味である。

所有するものとは、地位や名誉や財産ばかりでなく、自分の肉体もそうである。所有するものは何も存在しない領域とは、想念の世界のことである。

死後の世界があるとするならば、この世(物質世界、三次元世界)を去ってから行く死後の世界も想念の世界である。

そして、夢の世界もまた想念の世界である。

そこで、夢の中の自分を考えれば、想念の世界は何となく理解できると思う。

繰り返しになるが、
想念の世界(夢の中)では、思い(想念)がそのまま行為である。

夢の中の自分は、次々に生じる出来事に反応し、瞬時にそれに応じた行為(思い、想念)を起こす。そのため、自分の行為の反省(自分の心、思いの反省)を行なうことは、ほとんどと言っていいほど出来ない。

起きている時は、常に肉体を感じながら、自分を認識している。そして、自分の名前、自分の住所、今いる場所、今行なっている行為を認識している。

ところが夢の中では、自分の名前、自分の住所、今いる場所、今行なっている行為を認識することなく、ただ次々に変化する状況に対応して行動しているだけである。

この世(物質世界、三次元世界)では、前もって行為を検証したり、反省したり、結果を予想して行為を変更したり取り止めたりできるが、想念の世界では思い(想念)がそのまま行為なので、その時の自分の心のままに行動し、環境が形成される。

そこで、〔七次第〕：無所有処　の段階とは、どういうものかというと、想念の世界においても、この世(物質世界、三次元世界)と同じように、体験することができることを意味している。

そして、イメージ(空想)で体験するのではない。観想による瞑想ではない。

具体的には、夢(と同じような想念)の世界でも、自分の名前、自分の住所、今いる場所、今行なっている行為を認識し、前もって行為を検証したり、反省したり、結果を予想して行為を変更したり取り止めたりできることを体験することである。

こういうことを言うと、多くの人は、きっと次のように思うだろう。

「そんなバカな、そんな夢物語のようなことなど出来るはずがない。」と、

しかし、そんな夢物語のようなことを、人間は誰でも出来るように造られているのである。古今東西を問わず、実際に体験した人達の体験記とか伝承が残されている。

さらにチベット仏教には、これを実体験できる方法が伝えられている。

その方法を、「夢見の行」という。

日本でも「夢見の行」を独自に、開発・実践した人物がいる。

その人物とは、仙道研究の第一人者である高藤聡一郎師である。

師は独自で、「夢見の行」もしくは「夢見術」を開発・実践したと著書の中で述べている。師が開発・実践した二つの方法のうちの一つが、チベット仏教に伝わる「夢見の行」である。これらの

方法は、いずれも気(のエネルギー)を駆使して行なう。
実は、筆者も「無所有処」を探求する過程で、独自に「夢見の行」を開発・実践している。筆者の方法も、やはり気(のエネルギー)を駆使して行なう。

筆者の方法も含めて、これら三つの方法は基本的に同類というか、共通している。筆者の体験だが、「夢見の行」の完成に近づくにつれて、夢自体が変化していく。

どのように変化したかと言うと、

① 夢の世界の視野が広がり、心(意識)も自由になってくる。

・夢の世界では、意識(心)が向いている目の前の風景(状況)しか見えないことが多い。実は、この現象は、夢の世界だけではなく、現実世界でもそうである。誰かと面と向かって話している時には、周囲の風景(状況)は目に入りにくい。

しかし、現実世界では心(意識)は自由なので、周囲の風景(状況)を見ようと思う(意識する)と、その瞬間に周囲の風景(状況)ははっきりと目に入ってくる。

・夢の中で何かをしようと思うと、それに関連する物やごく周囲の状況や風景しか見えていない。そして、心(意識)はそれをしようとすることしか考えないし、他のことはまず思わない。すなわち、心(意識)はそれに束縛されている。

事前の検討とか、行なった後の結果や周囲に及ぼす影響などは考えないし思わない。そして行なった後も、結果の反省とかもまず考えないし思わない。

・このように、夢の中では視野が狭いだけではなく、心(意識)も目の前のことに束縛され限定されている。
もっと詳しく言うならば、心(意識)は、その奥に頑強に居座っている煩悩(我)にも、大きく束縛され限定されているのである。

それでは夢の世界(夢の中)ではなく、現実の世界ではどうであろう。

夢の世界ほどではないが、現実の世界でも視野が狭く、心(意識)も束縛され限定されている場合が多いのではないだろうか。

特にそれが顕著になるのは、心(意識)が怒りや憎しみや欲にまみれた状態の時である。すなわち、心(意識)が煩悩に支配されている時である。そういう時には、周囲の状況や風景はあまり目に入らない。

夢の世界(夢の中)でも、現実の世界でも、心(意識)が煩悩に支配されている時には周囲の状況や風景はあまり目に入らないのである。

② 夢の世界の風景が天然色になり、美しくなり、心(意識)は感激し感動する。夢の世界(夢の中)でも、現実の世界と同じように、美しい風景に心を奪われて、見入ったり、感動したりする。

この現象(夢自体が変化していく現象)は、煩悩(我)が減少していくと、同じ様に生じる。実は、なにも「夢見の行(夢見術)」だけではなく、瞑想(禅も)に熟練していくと、この現象は生じ易くなる。瞑想(禅も)によって、煩悩(我)が減少していくからである。

そして、記憶術も一種の瞑想(観想)なので、記憶術を習得した場合にも、この現象は生じ易くなるものと思われる。

これ以上は、紙数の都合と本書のテーマから逸脱しかねないので言及しない。

機会があれば、本か何かで詳しく解説したいと思う。

二つ目は、
字句の解釈をさらに発展して、「何も存在しない無の領域(感得)」の意味である。そして、イメージ(空想)で体験するのではない。
そうすると、体験を伴う「無の感得」となる。「無の感得」とは何かというと、二つの意味が考えられる。
第一は、物質的存在がまったく無い「空間との合一感」の意味である。これはまさしく、〔五次第〕の「空無辺処」である。

第二は、字句そのものである「無との合一感」の意味である。すなわち、観想によって「意識の縮小を続けて無になる」のではない。実際の体験による「意識の極小化の先にある無」でなければならない。

筆者が思いついたのは、〝識無辺処〟の小さい気と一体となった心(意識)を限りなく極小化して無に化す方法である。

実践してみた筆者の感想は?

正直言って、無になる最後の瞬間に本当に無に化したのか、それとも単に、無を想像(観想)したに過ぎないのか、筆者自身も分からない。

どちらにしても、煩悩(我)を解消する効果は、通常の瞑想(禅)とあまり変わらないと思われるので、これ以上は追求していない。


尚、アーラーラ・カーラーマの悟りの段階は、空無辺処とする説や無所有処は、ウッダカ・ラーマプッタの悟りの段階とする説もある。

⒄（八次第）：非想非非想処（ウッダカ・ラーマプッタの悟りの段階）この達成(完成)が有頂天である

ここでも、筆者が体験した「非想非非想処」を解説したい。

非想は、〝思わないこと、思わないようにすること〟を言う。

非非想は、〝思わないこと、思わないようにすること〟さえも思わないことの意味である。これを、観想や自己暗示によって実践するのではなく、実際に体験する瞑想と思われる。

この非想非非想処の境地は、第四禅の「三昧(サマーディ)」の状態がさらに進化(深化)していくと体験することができる境地と同じものではないかと考えている。

筆者は、第四禅の「三昧(サマーディ)」から発展した「サマーディ」であるところの、〝快楽の瞑想〟を毎日繰り返すうちに、身体の変化(生殖器の幼児化)が始まり、それに応じて、快楽を離れると言うか快楽に心を奪われないと言うか、そういう心境になった。

そしてさらに、完全に無心(無念無想)の境地に没入した。

この段階からは、完全に無心になっている心(意識)の状態であり、まさしく非想非非想処の境地であった。

その後は、残念ながら(実は筆者は正しい選択だったと思っているが)、その中間過程の〝快楽の瞑想〟そのものを中止したので中断してしまう。

〝快楽の瞑想〟を中止し、時間と努力を投入して快楽の欲望を持つ元の心身に戻している。〝解脱〟という観点からみても、〝快楽の瞑想〟の境地は逸脱していると筆者は考える。

かの有名な達磨大師が、中国の嵩山少林寺において壁に向かって9年間坐禅を続けたという伝説は、「三昧(サマーディ)」を毎日実践していたのではないかとも考えられる。

もしかしたら、第四禅の「三昧(サマーディ)」の瞑想からさらに発展していった〝快楽の瞑想〟を毎日実践していたのかもしれない。

それとも、〝非想非非想処の境地〟を毎日瞑想で体験されていたのかもしれない。

禅宗の祖師の一人である達磨大師でさえ、〝解脱〟を達成(成就)されたとは伝えられてはいない。

瞑想している間だけの非想非非想処の境地では、〝解脱〟の達成(成就)ではないのである。

もっとも、このことは全ての瞑想に当てはまる。〝解脱〟の達成(成就)は、少なくとも日常的に(常時)、非想非非想処の境地を保っている心(意識)の状態であると思われる。

すなわち、「現実の事象を目の当たりにしながら、無心になっている心(意識)の段階」のことと思われる。

言葉を換えると、日常的に(常時)想念停止状態であり、心が統一している状態である。

尚、「瞑想している間だけの非想非非想処の境地」は、「解脱」の達成には大きな効果があると思っている。

これを実践することで、確かに自己中心的な我(煩悩)の思い(心)は次第に浄化される。

そうして、日常的にも(常時)想念停止状態に近づき、心が統一している状態に近づくとは思う。

もっとも、効果の大小を脇に置くと、このことは全ての瞑想に当てはまる。

心が統一している状態というのは、心が澄んで、雑念に影響されない状態のことである。すなわち、自分の思いがない状態である。

何も思わない状態(想念停止状態)を10分間でも続けることは、きわめてむずかしい。10分間思いを起こさない状態を続けようとしても、すぐに、何らかの思いが生じてしまう。精神力だけで10分間思いを起こさない状態を続けることは、過酷な苦行なのである。

その「精神力だけで思いを起こさない」状態を、一日中(日常生活の全てにおいて)続けるという前代未聞の絶対至難の苦行を行ない、遂にはそれを成し遂げて悟りを開いたという人が、白光真宏会という宗教団体の創始者である五井昌久師である。

五井師は、幼少の頃に「勉学を続けて立派な人間になろう」という堅い決意をし、憎しみや恨みの心(意識)を持たずに、人助けや人に尽くすという気持(意識)を常に持ち合わせて行動していたという、生まれながらの聖者と言ってもいいほどの極めて稀有な人である。

しかも、五井師の自伝によると、師の背後霊である聖霊の助けを受けることで絶対至難の行を成し遂げることが出来たという。

それに比べて、憎しみや恨みの心(意識)を多く強く持っていて、しかも聖霊の助けを受けることが期待できない普通の一般人にとっては、「精神力だけで思いを起こさない」状態を10分間だけでも続けることとさえ、極めてむずかしいのである。

ところが、ヨガを習練していくと、それを可能にしてくれる行法を感得できるようになる。「四神足」はヨガを取り入れて編成されているので、「四神足」を習練していくと、同じようにそれを可能にしてくれる行法の手掛かりのいくつかを感得できるようになる。

詳しい内容は、「四神足瞑想法」を参照されたい。

(18)〔九次第〕:「滅尽定」(仏陀の悟りの段階)
心のあらゆる動きが止滅した状態であると言われている
煩悩(我)が解消し、解脱が達成された状態である

「四静慮(四禅)」の境地も「四無色定」の境地も、瞑想中だけの境地であり、日常生活に戻ると、各人が持つ煩悩(我)の多少・大小に応じた境地・心(意識)に戻ってしまう。

煩悩(我)を解消しないかぎり、仏陀の悟り(解脱)の境地は得られないのである。

煩悩(我)を一つずつ解消するたびに、仏陀の悟り(解脱)の境地に近づく。

それでは、瞑想修行はなぜ必要なのだろうか。

数多い煩悩(我)の中でも、貪・瞋・痴の三毒と言われるような大きな煩悩(我)ほど、心(意識)の

奥深い潜在意識・深層意識まで刻み込まれている。

そういった煩悩（我）を解消するために、潜在意識・深層意識の扉を開くことができる瞑想を行なうのである
しかし、潜在意識・深層意識の扉を開いただけでは、煩悩（我）を解消することはできない。潜在意識・深層意識の扉を開いた上で、煩悩（我）を解消する方法が必要となる。

これら一連の方法が、成仏法である。

そして、煩悩（我）を完全に解消すると、瞑想中だけではなく、日常生活の中でも悟り（解脱）の境地のままであると言われている。

（八）〔一次第〜四次第〕四静慮（四禅）と〔五次第〜八次第〕についての考察

(1)　〔一次第〜四次第〕四静慮（四禅）は、「三昧（サマーディ）」を達成（完成）させるための四つの瞑想段階（瞑想法）である。
そして、
〔一次第〕を習得（達成）して〔二次第〕へ、〔二次第〕を習得（達成）して〔三次第〕へ、〔三次第〕を習得（達成）して〔四次第〕へと段階を踏んで高度な境地へと進んでいく体系的かつシステム的な修行法である。
もう少し具体的に説明すると、

① 四静慮(四禅)のサマーディを成就(達成)するためには、
最初に、第一段階である〔一次第〕：四静慮の初禅を習得しなければならない。
これを成就(達成)することが出来て初めて、次の第二段階に進むことができる。

② 次の第二段階が、〔二次第〕：四静慮の第二禅である。
これを成就(達成)することが出来て初めて、次の第三段階に進むことができる。

③ 次の第三段階が、〔三次第〕：四静慮の第三禅である。
実は、第二段階を成就(達成)することが出来ると、第三段階も同時に実践している。
ここまで達成することが出来て初めて、次の第四段階に進むことができる。

④ 次の第四段階が、〔四次第〕：四静慮の第四禅である。
これを成就(達成)することが出来ると、
第四禅で体験される「三昧(サマーディ)」の完成(達成)である。

(2) これに対して、〔五次第〜八次第〕は相互の関連性は低く、それぞれが別個の修行法であると言っても過言ではない。

そして、修行自体の難易はあるにしても、修行自体の優劣や修行効果の優劣についは明確には判定できない。

おそらく、〔五次第〜八次第〕は、後世の学者(学僧)が、仏陀釈尊が修行されたと伝えられている修行法を、時系列的に並べて分類したものと考えられる。

(3)〔五次第〜八次第〕を実践するために必要な「体系的かつシステム的な修行法」は何かというと、実は筆者の著書「四神足瞑想法」の「第一課程」〜「第五課程」の各修行法が、まさしくそうである。
これらの修行法を習得してから、トライ(試行錯誤しながら実践)するのを推奨したい。

(九)「四静慮(四禅)」と「四念処(法)」の構成上の共通点

〔一次第〕の「初禅」で解説したように、
初期仏教でいう、「尋(じん)・伺(し)・喜・楽・一境性」の五つの要素(課程)を習得することができて初めて得られる心(意識)の段階である「初禅」は、「ヴィパッサナー瞑想系」の上座部仏教が主張する「第一段階の静慮(サマーディ)を完成させる瞑想法」ではない。
すなわち、「四静慮(四禅)」の初禅〜第三禅は、初期仏教では〝完成途中の段階〟として扱っていたと考えられるが、現在の上座部仏教では初期仏教とは異なって、それぞれが〝完成した段階〟として伝えてきている。

おそらく、〝完成した段階〟に向けての方法(修行法)は、2000年にもわたる伝承(口伝と実地指導)の途中で途切れてしまったものと筆者は考えている。
その途切れてしまった〝完成した段階〟に向けての方法(修行法)を復元したものが、前述した〔一次第〕「初禅」の瞑想法の実施手順であり、〔二次第〕〜〔四次第〕の瞑想法の実施要領なのである。

これと同じような事態が「四念処(法)」でも起こっていると、筆者は考えている。

現在の上座部仏教が伝承している優れた修行法である「ヴィパッサナー瞑想」や「マインドフルネス瞑想」は、「念処経」を読むと明らかなように、「四念処(法)」をベースに発展してきた修行法であると考えた方が適正であると思われる。


現在の上座部仏教の修行法は、初期仏教から伝承してきているので、筆者のように少し垣間見た程度の者であっても、量的にも質的にも素晴らしいことはよく分かる。

「ヴィパッサナー瞑想」一つをとっても、非常に奥深い内容を有している。

それでも、「四念処(法)」という視点から検証してみると、現在の上座部仏教の修行法には、「四静慮(四禅)」の構成において〝未完成の段階〟を〝完成した段階〟にしているのと似たような状況が「四念処(法)」においても窺えるのである。


「四念処(法)」については、筆者の著書である「四神足法」や「四正勤法」の中でも解説しているが、構成上の都合や紙数の都合等で割愛した部分もある。

現在の上座部仏教が、2000年にもわたる伝承(口伝と実地指導)の途中で途切れてしまったと考えられる部分も含めて、「四念処(法)」というタイトルの独立した1冊の本として、是非とも紹介したいと考えている。

第六章　慧根と慧力と慧の五根五力法

第六章　慧根と慧力と慧の五根五力法

（一）知恵と智慧と知識

「ちえ」という漢字は、「知恵」と「智慧」の二つが割と多く使われる。

この二つは同じ意味で使われることが多いが、仏教においてはこの二つには違いがある。

二つの「ちえ」の違いは何かというと、次のように説明することができる

まず「知恵」の方は何かというと、私達が普段からよく使っている「ちえ」のことである。

用語辞典などによると、

「知恵」　物事の〝善し悪し〟を判断し処理していく心の働きのことであり、物事の筋道を立て、
　　　計画し、正確に処理していく能力のことをいう。

もう少し噛み砕いて説明すると、私達が生活していく上での知識やアイデアそのものを言い、さらに
それらの知識やアイデアを生活に生かしていく工夫を言う。

それに対して、「智慧」の方は何かというと、仏教用語でよく使われる「ちえ」のことである。

用語辞典などによると、

「智慧」　相対世界に向かう働きの「智」と、悟りに導く精神作用の「慧」を意味しており、物事をありのままに把握し、真理を見極める認識力のことをいう。

意味としては何となく分かるような気もするが具体的にはピンとこない、というのが多くの人の正直な感想ではないかと思う。

お坊さんの法話などでは、

- 「知恵」は、私達凡人の物事の〝善し悪し〟を判断し処理していく心の働きであるが、
- 「智慧」は悟りを開いた仏様の物事の〝善し悪し〟を判断し処理していく心の働きであり、凡人の知恵では理解できない深遠なる心の働きであると説明されることもある。

何となく分かったような気もするが、まだ少し釈然としない感じである。

そこで、もう少し具体的な説明はというと、個人的な見解だが次のようになる。

- 「知恵」は、私達凡人の物事の〝善し悪し〟を判断し処理していく心の働きであるが、「知恵」によって目的を達成することができたとしても、関係する全ての人が利益を得るとは限らず、誰かが損害を被ったり、不満を持ったり、不幸になる場合もある。

さらに、目的を達成した当初は満足できたとしても、そのうちに目的を達成したがために、予期せぬ損失を被ったり、後悔したり、ひどい場合には不幸になることも往々にしてある。

それに対して、

- 「智慧」は、悟りを開いた仏様の物事の〝善し悪し〟を判断し処理していく心の働きであり、「智慧」に従うと必ず結果的に利益を得たり幸福へと導いてくれる。

また、「知識」については、

「**知識**」・経験または教育を通して人が獲得した専門的技能や理解。

・ある主題についての理論的または実用的な理解。

・事実や情報のことであり、ある分野で知られていることや一般に知られていることを指す。

（二） 慧根（えこん）と慧力（えりき）

・全ての人に平等に生まれながらに備わっている完全なる慧を獲得できる能力（機根）が、「慧根（えこん）」である。

これを言い直すと、

・完全なる智慧（仏陀釈尊の智慧）を獲得できる能力（機根）は、全ての人に平等に生まれながらに備わっており、それを「慧根（えこん）」と称している。

・慧根の慧を実際どの程度まで発揮できるのかという、私達の〝現時点での慧の能力〟が「慧力（えりき）」であり、私達の知恵である。

次に、「知恵」と「智慧」と「知識」の違いを、もう少し具体的に説明したい。

知恵と智慧と知識はよく混同されて使われることがある。

知識が豊富な人に対して、しばしば「あの人は知恵がある」という言い方をする。この場合の知恵は、そのままの「知恵」である。

そして、「知識は豊富でも、知恵があるとは限らない」という言い方もする。この場合の〝知識は豊富〟は、〝知恵があっても〟の意味であり、〝知恵があるとは限らない〟は、〝智慧があるとは限らない〟の意味である。

テレビやラジオや新聞で報道されているニュースの一つに、飲酒運転による事故がある。

教職員や役人や会社の幹部社員など、知識が豊富なはずの人達が、飲酒運転をして物損事故や人身事故を引き起こしたというニュースを時々目にする。

事故の当事者は、「飲食店から自宅までは遠くはなく、アルコールを飲んでいたけれども意識ははっきりしていたので、つい運転してしまった」などと供述することも少なくない。

これなどは、「知識は豊富でも、智慧があるとは限らない」という見本である。

繰り返しになるが、

- **「慧力」(知恵)とは、**

「知恵」によって目的を達成することができても、関係する全ての人が利益を得るとは限らず、誰かが損害を被ったり、不幸になる場合もある。

さらに、目的を達成した当初は満足できたとしても、そのうちに目的を達成したがために、予期せぬ損害を被ったり、後悔したり、ひどい場合には不幸になることも往々にしてある。

・「**慧根**」（**智慧**）**とは**、

「智慧」によって目的を達成することができると、関係する誰かが損害を被ったり不幸になることはなく、関係する全ての人が幸福になり利益を得る。

それでは、智慧（智慧ある人）というのは、どういうものかを具体的に述べたい。いくつかあるとは思うが、ここでは、（智慧その一）と（智慧その二）を紹介する。

（三）（智慧その一）と（智慧その二）

（智慧その一） 智慧（智慧ある人）というのは、因縁果報（因果律）の道理を理解し、それに基づいて行動（生活）している（人の）ことを言う。

たとえ、途中の失敗はあったとしても、結果的には何事もうまく運ぶ。関係する誰かが不幸になることはなく、総じて幸せな結果となる。どのような境遇に生まれても、学歴や知識がそれ程なくても、また世の波風にもまれたとしても、総じて堅調で充実した幸せな人生を送ることができる。

もし、智慧がない（因縁果報の道理を理解できない）場合は、多くの苦しみを受けることになる。目的を達成するために、周囲の事情よりも、自分の利益や感情を優先して行動する。

そして、知識や力（財力や権力）を、自分の欲望を達成する目的に注（つ）ぎ込んでいく。その場合は、目的を達成できたとしても、自分が思い描いた結末にはならずに、最終的には自分の目論見とは違った(こんなはずではなかったと後悔する)苦しみを受けることになる。さらに、自分の言動を正当化する場合は、長期間にわたって苦しみが続くことになる。

人は誰でも、美しいものや華やかなものや豊かなものには、〝憧れ〟や〝親愛の情〟を持つ。反対に、醜いものや寂しいものや貧しいものには、〝嫌悪感〟や〝忌避の感情〟を持つ。その一方で、人によっては〝憐憫の情〟や〝助けたいという感情〟を持ったりもする。これらの感情が生じた後の行動が、自分にも相手にも心地よさや喜びや利益を与える行動である場合を、〝智慧がある〟という。

もし、自分だけが心地よさや喜びや利益を享受し、相手には不快な思いや悲しみや不利益を与える行動である場合は〝智慧がない〟とか〝悪知恵〟といい、相手に与えた苦しみや悲しみや不利益をそのうち自分が受けることになる。

この世は、因縁果報(因果律)の法則で成り立っている世界なので必ずそうなるのだが、〝智慧がない〟とか〝悪知恵〟の人は、それを理解していないことが多い。

たとえ、それを頭では理解していたとしても体得していないので、実際の行動においては因果律を全く無視してしまう。

例を挙げると、

難病に罹っている人や、病気や事故によって半身不随で苦しんでいる人、または自分よりも容姿や勉強や仕事や学歴が劣っている人とか貧乏な人とかに対して、嫌悪感をあらわにしたり、相手に悪口や嫌がらせなどを平気で行なう者は、因縁果報(因果律)の観点からみると、将来、何らかの災厄(病気や不慮の事故など）が身に降りかかり、相手に与えた苦しみや悲しみと同等以上の苦しみや悲しみを自分も受けることになる。

また、自分の欲望とか保身とか利害関係といった理由は勿論のこと、どうも虫が好かないという単なる感情的な理由であったとしても、相手に嫌がらせをしたり、嘘をついたりして相手を貶めようとしたり、人間誰でも迷い易くなるモノ（例えば、金銭、地位、異性）をエサにして、相手を罠に嵌めて相手に何らかの損害を与えようと企てる者は、たとえ相手が罠に掛からなかったとしても、因縁果報（因果律）の観点からみると、相手に与えた損害（苦しみ）や与えようと企てた損害（苦しみ）と同等以上の損害（苦しみ）をやがて自分が受けることになる。

（智慧その二）　人に幸せをもたらしたり、不幸から守ってくれる閃きやアイデアも智慧である。例えば、

①．素晴らしいアイデアが突然ひらめいて、手がけている仕事がうまくいったり、大きな効果をもたらしたりする。

②．突然危険を察知する閃きがあり、その結果、難を逃れた（事なきを得た）。

といった①や②の場合も、智慧すなわち慧が働いたのである。

そんな閃きを、〝霊感〟だとか〝神仏のお導き〟または〝天から降りてきた〟などと言う人も結構多い。

〝霊感〟だとか〝神仏のお導き〟とかは、その存在を論理的に証明することはできな

いし、逆に否定できる証拠を示すこともできない。

〝霊感〟や〝神仏〟など科学的に証明することができないものについては、ここでは出来る限り言及しない。

そこで、〝慧(智慧)〟であるという観点から、論理的な説明を試みたいと思う。


その前に、慧を「慧根」と「慧力」とに分け隔てているものから先に説明する。「慧根」と「慧力」とに分け隔てているものは、自己中心的な心(意識)の働きを誘発する、心(意識)の奥底に頑強に居座っている「煩悩(我)」である。

(四)(智慧その二)の考察

(智慧その一)の、〝因縁果報(因果律)の道理を理解し、それに基づいて行動(生活)すること〟については、特に説明は必要ないかと思う。

それに対して、

(智慧その二)の、〝人に幸せをもたらしたり、不幸から守ってくれる閃きやアイデア〟については、その閃きやアイデアの発生メカニズム(仕組み)は全くもって不明である。

そこで、夢のメカニズム(仕組み)を用いて、(智慧その二)のメカニズム(仕組み)を説明してみたいと思う。

(四—一)　夢とは？　夢のメカニズム(仕組み)とは？

睡眠中には脳が、過去に見聞きした情報をジャンルごとに整理しているという。ジャンルは例えば「小学校時代」、「大学時代」、「友達」、「家族」、「恋愛」、「仕事」などに分けられ、ジャンル分けされた記憶の倉庫から引き出したり、まとめたりの作業を脳が睡眠中に行なっており、その過程を脳内で再生している状態が夢だとも言われている。

睡眠中には、ノンレム睡眠という深い睡眠とレム睡眠という浅い睡眠を交互に繰り返している。そして、「夢は、従来はレム睡眠という浅い睡眠中に見るとされ、ノンレム睡眠という深い睡眠では見ないと考えられていた。しかし近年では、ノンレム睡眠時にも夢を見ると考える研究者も多く、そうした研究も行われている。」という。

起床すると、夢の内容はおろか、夢をみていたことさえ忘れていることが多い。

唯一、起床直前の夢は、夢の内容まで覚えていたりもする。

たとえ、夢の内容はあまり覚えてなくても、夢をみていたこと(事実)は覚えている。

誰でも経験したことがあると思うが、朝いったん目が覚めても寝不足と感じると、再び寝ることがある。すなわち、二度寝(にどね)することがある。

そして、二度寝してから目が覚めると、心身がすっきりして、「十分に寝た」と感じることが多い。二度寝の時の夢は、内容もある程度覚えている場合が多い。

その時の夢の長さから、「1時間近く寝たかな」と思って時計を見ると、10分とか20分程度しか寝ていないことが時々ある。こういう経験は、多くの人にあるのではないかと思う。

なぜ、10分とか20分程度しか寝ていないのに、1時間近く寝たと感じる夢をみるのだろうか？　これについての興味ある解釈が、筆者が以前読んだ本の中に記載されていた。本の題名や著者の名前は、誠に申し訳ないが覚えていない。

その解釈とは、次のような内容であったと思う。

二度寝は浅い睡眠状態が多く、その場合は聴覚や視覚などは浅く遮断されている。その時、車の通る音や話し声や何かの物音があったり、外の明るさ(光)があると、そういった(耳や眼の感覚受容器からの)刺激は、電気信号に変換されて、神経細胞(ニューロン)を伝導して脳に伝わり認識される。

ただし、浅い睡眠中なので表層意識でも少しは認識するが、多くは潜在意識で認識している。

ここで、この時の記憶の倉庫からの情報の引き出され方を考えてみる。

電気信号が一つの神経細胞(ニューロン)を伝導すると、その神経細胞(ニューロン)に関係する情報が、記憶の倉庫から引き出されるものと考えられる。

起きている時は、その時に受ける感覚受容器からの刺激は、専用(1本)の神経細胞(ニューロン)を伝導して脳に伝わり、表層意識によって認識されていると考えられる。

ところが、浅い睡眠状態では、その時に受ける感覚受容器からの刺激は、表層意識はほとんど眠っているために、専用(1本)の神経細胞だけを伝導するのではなく、数多く(多数本)の神経細胞にも、ほとんど同時に伝導する場合があると考えられる。数多く(多数本)の神経細胞を伝導すると、それらに関係する情報は数多く引き出されることになる。

すなわち、数多くの夢を、ほとんど同時に混在してみているのである。

しかし、表層意識は混乱しないように、数多く（多数本）の夢を1本の連続した夢になるように繋ぎ合わせて（編集して）いると考えられる。

そのために、目が覚めてからの時間の流れの感覚としては、〝長時間の夢をみた〟と感じるものと思われる。すなわち、長い時間寝たと感じるものと思われる。

こういった現象は、浅い睡眠状態だけに起きるものではなく、身に重大な危険が迫っている時にも起きるという多くの証言がある。

例えば、崖などの高い所から落ちて運よく助かった人が、落ちるまでのごく短い時間（一瞬）のあいだに、これまでの長い人生が映像として映し出された（思い出された）という証言もある。

生命に重大な危機が迫ると、表層意識の機能は著しく低下し、浅い睡眠状態と同じような現象があらわれるものと思われる。

さらに、こういった現象は、瞑想中にもたまに体験することがある。

瞑想が十分に深まると、浅い睡眠状態と同じような状態になるのである。

瞑想中であることは当然自覚しているのだが、それでもおそらく表層意識の機能は著しく低下しているらしく、はっきりとした映像として体験するので何かテレビや映画を見ているような感覚である。

筆者の場合は、長い時間が経過したと感じる場合と、逆に短い時間しか経過していないと感じる場合の二つがあり、現実の時間の流れとは大きく異なることがある。

おそらく、禅僧や瞑想実践者の中には、同じような体験をしている人が少なからずいるものと思う。

（四—二）（智慧その二）の事例とメカニズム（仕組み）

智慧その二（人に幸せをもたらしたり、不幸から守ってくれる閃きやアイデア）を体験した人は少なくないとは思うし、これについて研究したり報告している文献もあるかもしれないが、ここでは筆者の体験を述べたい。

人は誰でも、〝虫の知らせ〟と言われている〝不幸から守ってくれる閃き〟という不思議な経験を一つや二つは持っていると思う。

筆者にもそういう不思議な体験がいくつかあり、その中に危険を回避できた思い出がある。

筆者の子供がまだ幼児だった頃の不思議な出来事の思い出である。

それは、梅雨が終わり本格的な暑さになった初夏の午後、同じ年頃の子供がいる近所の3家族で海水浴に行った時の出来事であった。

海水浴場に到着してすぐに、母親達と子供達は浜辺に近い海に入って遊び始めた。

4～5才の4人の子供達は、母親達と15mほど離れて、子供達だけで胸元当たりの水深の場所で、浮輪を身に着けて楽しく遊んでいた。

母親達は赤ん坊を抱いたりして、子供達を監視しながら笑いながら話していた。

父親達はまだ水際から50～60mほど離れた場所におり、しばらくしてから母親達や子供達に合流しようと話していた。

筆者は母親達や子供達の楽しそうな姿を横目で見ながら、一人の父親と世間話をしていた。

その時である、突然、浮輪で遊んでいた子供の一人が溺れて苦しんでいる姿が、現実であるかのように、頭の中に映像として飛び込んできたのである。

現実の目の前の一人の父親の映像と、子供の一人が溺れて苦しんでいる不思議な映像が、同時に現れたので非常に驚いた。

すぐに、子供達に視線を向けて確認したが、相変わらず4人の子供達は楽しそうに浮輪を使って遊んでいたので、胸をなでおろした。そして、子供が溺れて苦しんでいる不思議な映像も消えていた。

そこで、視線を一人の父親に向き直して、世間話の続きを再開した。

再開するとすぐに、今度は胸騒ぎがしたので、再度子供達に視線を向けて、先程の映像で溺れて苦しんでいた子供を注視することにした。

すると、母親達のグループと子供達のグループの距離が、不思議なことに15mから30m以上へと少しずつ離れていった。

さらに、母親達は子供達の監視を忘れて、女子会のように自分達だけで笑いながら話しに熱中し始め、子供達もお互いに水を掛け合うなど遊びに夢中になっていった。

すると、注視していた子供が急に、浮き輪の中にお尻を入れて仰向けになろうと試み始めた。

残りの3人は、お互い移動しながら(逃げながら)、水を掛け合って夢中になって遊んでいた。浮き輪の中にお尻を入れて仰向けになろうと試みていた子供は、他の3人の子供達とも距離が次第に離れていった。

そして、母親達や他の3人の子供達からの監視や視線がなくなった瞬間、注視していた子供は浮き輪からお尻がずれて、引っくり返るようにして海の中に消えてしまった。

注視し始めて、わずか5～6分の出来事であった。

筆者は胸騒ぎがした時点で、いつでも駆け出す準備はできていた。

そのために、注視していた子供が海の中に消えた瞬間、砂浜を猛スピードで走り出していた。

途中で、注視していた子供はいったんは浮かび上がって手をバタバタしていたが、すぐに再び海の中に消えてしまった。

筆者は、自分でも驚くほど速く砂浜を駆け、海の中も駆けながら飛び込んでいき、海中に沈んで元気を失ってもがいていた子供を助け出していた。

この時初めて、幼児は海中に沈むと、短時間で元気を失う場合があることを知った。


この時の突然の映像も、〝虫の知らせ〟と言われている〝不幸から守ってくれる閃き〟である。

筆者のこの体験も、強引ではあるが、夢と同じように説明することができる。

おそらく、母親達や子供達のこれまでの行動パターンや性格などの情報は、筆者の記憶の倉庫にしっかりと入力されており、一人の父親との世間話の途中で観察した母親達や子供達の状況から、何らかの刺激が筆者の脳に加わり、睡眠状態の時と同じように脳の数多く(多数本)の神経細胞に同時に伝導し、あの映像を見たのではないかとも考えられる。

人には誰でも、こういう能力が本来備わっているものと思われる。

通常は眠っている状態(オフの状態)であるが、危険が目の前に迫ったりすると、自動的に作動状態(オンの状態)に切り替わるものと思われる。

これが、(智慧その二)のメカニズム(仕組み)の一つではないかと思う。

(五) 慧の五根五力法

繰り返しになるが、

先に「慧」は、解脱を成就(完成)した仏陀釈尊の「智慧」を指していると説明した。

そして、「慧根」とは、全ての人に平等に生まれながらに備わっている完全なる慧を獲得できる能力(機根)のことであると説明した。

さらに、「慧力」とは、慧根の慧を実際どの程度まで発揮できるのかという、私達の〝現時点での慧の能力〟のことであり、私達の知恵でもあると説明した。

「慧根」と「慧力」とに分け隔てているものは、自己中心的な心(意識)の働きを誘発する、心(意識)の奥底に頑強に居座っている「煩悩(我)」である。

実は、日常における私達の認識能力や理解力すなわち「知恵」においても、「慧根」と「慧力」が違うのと似たような現象が起きている。

例えば、日常会話でもそうだし、テレビや映画を見ている時でもそうであるが、その最中にふと考え事をしたり、また別の何かに注意が向いてしまうと、会話やテレビや映画の内容が途端に分からなくなる。

耳ではちゃんと聞いているのに、理解できる知能はあるのに、それらの内容が理解できなくなる。

「ふと考え事をしたり、また別の何かに注意が向いてしまう」と、それらの内容が急に理解できなくなるのである。

ここでの理解できる知能が、日常の「知恵」である。

「ふと考え事をしたり、また別の何かに注意が向いてしまう」ことが、「煩悩(我)」に相当すると言ってもいい。

それでは「慧の五根五力法」は何かというと、人の慧力(現時点での能力)を、慧根そのものの能力にまで発揮できるようにする修行法のことをいう。

仏陀釈尊の「智慧」そのものにまで高めるようにする修行法のことをいう。

すなわち、「慧の五根五力法」とは、仏陀の修行法(成仏法)のことであり、三十七菩提分法の全てが該当する。

ここでは、慧の五根五力法として、次の二つを挙げたい。

(五―一)　慧(智慧その一)の五根五力法

それは、(智慧その一)を獲得できる方法のことである。

(智慧その一)とは、前述したように、因縁果報(因果律)の道理を理解し、それに基づいて行動(生活)することができることを言う。

すなわち、因果律を知識として知っているだけではなく、体得(日常生活での実践)できるようにする方法のことである。

私達の人生(運命)と因果律(因縁果報)には、密接な関係がある。

人は誰でも、「幸せになりたい」とか「お金持ちになりたい」とか「いい服を着たい」など多くの欲望・願望を持っている。

欲望・願望を持つこと自体は何ら悪いことではなく、むしろ人生を楽しみ、有意義なものにするためには必要であり大切なことである。

むしろ欲望・願望があるからこそ、生きる力や生きる希望を失わずに人は生きることができる、生活することができると言ってもいいくらいである。

2021年の東京パラリンピック、女子100M背泳ぎのカテゴリーS2（運動機能障害が2番目に重いグループ）の種目において、14歳の山田美幸さんが銀メダルを獲得し、日本のパラリンピック史上最年少メダリストになった。さらに、女子50M背泳ぎのカテゴリーS2の種目でも、再び銀メダルを獲得している。

彼女の〝座右の銘〟は、「無欲は怠惰の基である」という。

これは、〝日本資本主義の父〟と称される渋沢栄一の言葉である。

彼女には、「東京パラリンピックに出場して、メダルを獲りたい」という夢（願望）があった。その夢は、彼女を支え続けてくれた亡くなった父の夢でもあった。その夢（願望）があったからこそ、彼女は猛練習に耐え、猛練習を重ねることが出来たのであり、ついには自分の夢（願望）を叶えることができたのである。

両腕のない彼女の泳ぎの頼りは、長さの違う両足でのキックである。そのキックの推進力を上げるために、左足は膝下の外側で水を蹴る〝横の蹴り〟、右足は足の裏側で水を蹴る〝縦の蹴り〟である。左右違った動きをマスターしてスピードアップを図った。

しかし、左右のキックの違いで斜めに進んでしまうという問題が生じたが、頭を傾けて泳ぐことで問題を解決し、真っ直ぐに進めるようになった。

さらに、両肩を激しく回して水流を作って推進力に変えていった。左右の足の動きを変えて泳ぐだけでも、至難の業である。それらを、彼女は猛練習によって自分の技(特技)としたのだ。おそらく、途中で何回か挫折しそうになったものと推察される。

そのたびに、彼女は「無欲は怠惰の基である」を思い出し、自分自身を叱咤激励したのだろう。そのような多くの困難を乗り越えて、彼女は自分の夢(願望)を叶えたのである。

その結果、日本中の多くの人達に驚きと感動を与え、さらに、困難に立ち向かう勇気と希望を与えている。

話が少し脱線したので、元に戻す。

ただし、欲望・願望を叶えようと行動する際に、他の人の迷惑になったり、他の人を傷つけ苦しめるようなことは決してあってはならない。

このことは誰でも知識としては分かっているとは思うが、現実には自分の欲望・願望をどうしても優先してしまう結果、自分よりも弱い立場の者やよく思わない者をつい傷つけ苦しめてしまう。

例えば、生活費や遊興費をかせぐために、他人を陥れたり騙したりして金品を奪い取ろうと企む人間もいる。

ひどい場合は、善人を装って、自分の有利な立場(地位、財力など)を利用して周囲の人達を巻き込み、周囲の人達を利用するだけ利用し、そうして金や地位や異性をエサにするなどして、他人を陥れたり騙そうと企む卑劣極まりない者もごく稀だが確かにいる。

なぜ、そうしてしまうのか。

それは、私達の心の奥深くに我(煩悩)というものがあるからである。

心(意識)に内蔵されている我(煩悩)は、生まれてから現在までの行為、思考、思念が蓄積されて形成されたものだけではなく、前世の行為、思考、思念も蓄積されて形成されていると言われている。

そのため、今この瞬間の心の状態(思い)も、常に客観的に注意して改善しようと努めない限りは、心(意識)に内蔵されている我(煩悩)に影響され我(煩悩)に従って形成されることになる。

その結果、「我(煩悩)に影響され、我(煩悩)に沿った行動」となってあらわれる。


例えば、我(煩悩)が強くなればなるほど、「あの人が憎い」とか「あの人を懲らしめたい」とか「あれが欲しくたまらない」とかの我欲(自分の欲望)の思いが、自分の心を占領してしまい易い。そうなると、必ず他の人と衝突するような行動をとってしまうことになる。


すなわち、欲望・願望を叶えようと行動する際に、他の人の迷惑になったり、他の人を傷つけ苦しめることがあるのは、その欲望・願望が自己中心的な欲望・願望だからである。

その自己中心的な欲望・願望は、私達の心の奥深くにある我(煩悩)の表象(あらわれ)であり、それが「因」となり、「縁」を求めて「因ー縁ー果ー報」と続いていく軌道が人生(運命)である。


禍(わざわい)も福も全て、私達の行動、心がけの結果あらわれるもので、つまり幸福も不幸も全て、私達が招いた結果である。

言い方を変えると、幸福や不幸も含めて全ての「運命」という来たるべき人生は、「自分の行動、心がけ」が「因」となってあらわれるのである。

その「自分の行動、心がけ」は、私達の心の奥深くにある我（煩悩）に大きく左右される。すなわち、私達が持っている我（煩悩）によって、私達の人生（運命）は形成されると言ってもよい。

人の物を盗めば、すぐに泥棒としての人生（運命）の道が開くし、人を殺せば即座に殺人犯としての人生（運命）が待っている。

そのために、因果律を知識として知っているだけではなく、体得（日常生活での実践）できるようにすることが重要なのである。

具体的な方法を、次に解説する。


（方法―1）「因果律（因縁果報）を、心（意識）に刻み込む」ことの実践

①　因果律（因縁果報）を、常に念頭に置くのである。
因果律（因縁果報）を、心（意識）に刻み込むのである。

②　そして、他の人の迷惑になったり、他の人を傷つけ苦しめる行為（行動）をしないように、常に念頭に置くのである。心（意識）に刻み込むのである。

実際のやり方としては、就寝前と起床直後に、次のような言葉を自分に言い聞かせる。それ以外にも、休憩時間や気付いた時に、自分に言い聞かせる。

(1) 禍(わざわい)も福も全て、自分の行動、心がけの結果あらわれるもので、つまり幸福も不幸も全て、自分が招いた結果である。
すなわち、他の人を傷つけ苦しめる行為(行動)は、巡りめぐって、自分自身が傷つき苦しむ結果を必ず招く。

(2) 幸福や不幸は、「自分の行動、心がけ」が「因」となり、その「因」が「縁」を求めて、「因―縁―果―報」と続いていくことでもたらされるのであり、それが積み重なって私達の人生(運命)となっていく。

(方法―2) 「積徳・積善に勤め、悪行・不善は行なわない」ことの実践

その反対に、人生(運命)を良くしようと思ったならば、良い事をすればいいのである。良い事をすればするほど、人生(運命)は良くなっていくのである。

すなわち、「積徳・積善に勤め、悪行・不善は行なわない」ことによって、人生(運命)は改善される。「積徳・積善に勤め、悪行・不善は行なわない」ことは、我(煩悩)の消滅にもつながるのである。

この「積徳・積善に勤め、悪行・不善は行なわない」ことを日常生活で実践することこそ、因縁果報(因果律)の道理を理解し体得することに繋がる。

これができると、大きな失敗はなく、結果的には何事もうまく運ぶようになる。関係する誰もが、総じて幸せな結果を得ることとなる。

常に、「積徳・積善に勤め、悪行・不善は行なわない」ことを心がけることである。
そのためにも、できるだけ「人を憎まず、人を裁かず、人を非難せず」を心がけることである。
日常生活において「積徳・積善に勤め、悪行・不善は行なわない」ことを実践する具体的な方法は、著書「四正勤法」に詳しく紹介しているので、ぜひ参照してほしい。

(五―二)　慧(智慧その二)の五根五力法

慧(智慧その二)の五根五力法とは、(智慧その二)を獲得できる方法のことである。
(智慧その二)とは、前述したように、人に幸せをもたらしたり、不幸から守ってくれる閃きやアイデアのことである。

(智慧その二)　人に幸せをもたらしたり、不幸から守ってくれる閃きやアイデアも智慧である。

例えば、

①．素晴らしいアイデアが突然ひらめいて、手がけている仕事がうまくいったり、大きな効果をもたらしたりする。

②．突然危険を察知する閃きがあり、その結果、難を逃れた(事なきを得た)。

といった①や②の場合も、智慧すなわち慧が働いたのである。

(智慧その二)は、誰でもみんなが生まれながらに持っているものである。

ところが、多くの人の場合、（智慧その二）は通常は眠っている状態である。そのため、そういった閃きやアイデアはなかなか体験できない。

しかし、少数ではあるが、時々体験している人達も中にはいる。すなわち、勘が鋭い（第六感がよく働く）人達である。

しかし、（智慧その二）は通常は眠っている多くの人の場合でも、（智慧その二）が必ずと言っていいほど目覚めるというか働く時（場面）がある。

それは、進学・就職・結婚など人生の岐路（分岐点）とも言うべき大事な場面である。

そういう大事な場面に予期せずに遭遇した時の、自分の最初の思い（感情）が（智慧その二）であることが多い。

（智慧その二）であるかどうかの見分け方（識別方法）は、貪欲や憎しみや怒りなどのような我欲の思いや相手を傷つける感情は（智慧その二）ではなく、突然頭に浮かぶような思い（閃き）とか心の奥からにじみ出てくるような気持（本心）が（智慧その二）である。

それに素直に従うと、たとえ苦労が多い人生であったとしても、総じて後悔のない充実した人生になる。

そこには、憎しみとか怨みとか他人に危害を加えようといった思い（心）は一切ない。人間には、容姿とか資産（財産、収入）とか学歴とかを考える打算の思い（心）が誰にでもあるけれども、同じ様に「運命」を感じる「不思議な直感」も誰にでもある。

そこには、自分の幸せと自分の本心を確認しようとする思い（意識）が極めて強い。確かに自分の幸せと自分の本心を考える思い（意識）は、一種の欲望である。

しかし、他人を害する我（煩悩）は、そこ（その場面）には一切ない。

その「運命」を感じる「不思議な直感」が、(智慧その二)であり、まさしく本心である。(智慧その二)は、最初に心の底から湧き上がる自分の思い(心)である。その(智慧その二)であり本心に従って行動すると、必ず結果的に幸せをもたらし、不幸から守ってくれる。

たとえ、周囲の人達がその時には賛同してくれなかったとしても、必ず結果的に自分にも周囲の人達にも、幸せと平安をもたらしてくれる。

(智慧その二)に従って行動して、たとえ自分が思い描いた通りにはならなくても、別の形で必ず結果的に幸せをもたらし、不幸から守ってくれる。

話が少し拡がるが、

「最初に浮かび上がる思い(心)」は、「初念」とも言う。

さらに、初念には、〝我(煩悩)の思い〟と〝(智慧その二)の思い〟の二つの種類がある。

(初念その一)　一つ目の初念は、心の奥底(潜在意識や深層意識)にある我(煩悩)の表れ(表層意識への湧出)である。これは、(智慧その二)ではない。

日常生活において、仕事でも趣味でもスポーツでも何かに集中している時に、心の奥底から湧き上がる自分の思い(心)の一つである。

それは、瞑想(禅も含む)の最中は勿論のこと、無念無想になろうと修行している時にも、絶え間なく心の奥底から湧き上がってくる。

この思い(心)は、怒り・憎しみ・怨み・羨望など自己中心的な心の働きである。特に、怒り・憎しみ・怨みの思い(心)が現れると、その思い(心)にすぐに捉われてしまい、次から次へとそれに関連する思い(相手から受けた仕打ちや言動などの記憶)が浮かび上がり、それに翻弄されて自分を見失ってしまう。

そして、いつまでも怒り・憎しみ・怨みの思い(心)に捉われてしまう。


街や外出先で見かけた異性に対して催す欲情、例えば、「色気がある人だなぁとか」とか「個人的に親密に付き合いたいなぁ」とか、人によって個人差はあるが、そういう異性に対して催す欲情も一つ目の初念である。

これに翻弄されないようにする修行法が、現在の上座部仏教に伝承している修行法である「ヴィパッサナー瞑想」や「マインドフルネス瞑想」であり、筆者が紹介している「四念処(法)」もそうである。


実は、禅宗でも、一つの方法が伝えられている。

特に、臨済宗の中興の祖と言われた白隠禅師も、この方法を提唱されている。

その方法というのは、「二念を継ぐな」という教えである。この「二念を継ぐな」という教えは確かにそうであるが、しかしそれを実践(習得)するとなると、非常にむずかしい。

長年厳しい修行を続けている禅僧が、ようやく実践(習得)できると言われている。

その実践(習得)できるようになるための修行法としては、禅宗(臨済宗や曹洞宗など)の寺院においては、そこで行なわれている毎日の修行がそうである。

「二念を継ぐな」というのは、どういうものかというと、
①　最初に、初念（怒り・憎しみ・怨みや欲情など）の思い（心）に、即座に気づく。
②　次に、続いて心（意識）に浮かんでくる初念に関連する、さらに強烈な思い（相手から受けた仕打ち・言動や記憶や性的欲望など）を断ち切る。
ことなのである。

この初念に続いて心（意識）に浮かんでくる思いを、二念という。


これは、口で言うのは簡単だが、実行（実践）するのは極めてむずかしい。

ほとんどの人は、怒りの最中には怒りに翻弄され、怨みの最中には怨みに翻弄され、欲情の最中には欲情に翻弄されて、自分自身を見失ってしまうのである。

そうして長時間、怒りや怨みや欲情に翻弄されてしまう。


この「二念を継ぐな」という教えだけでは、多くの人にとっては残念ながら実用的とは言えない。

すなわち、この教えだけでは、教えを実践できるとは限らないのである。

正直言って、我々凡人には「二念を継ぐな」は実践できそうもない。

例えば、空手やボクシングや殴り合いのケンカで勝つ方法の質問に対して、「相手のパンチ（殴ってきた拳）をかわして、逆に自分のパンチを相手に当てるようにすることだ」という答え（教え）と少しも変わらない。

教え(答え)としては正しいと頭では理解できるのだが、実際それを実践するとなると極めて難しい。

「一念を継ぐな」も、「相手のパンチ(殴ってきた拳)をかわして、逆に自分のパンチを相手に当てるようにする」ことも、それぞれ技術なのである。

その技術を行使(会得)できるようにする方法こそが、重要なのである。

その方法とは、例えば禅宗(臨済宗や曹洞宗など)では、僧俗を問わず座禅が有名だが、出家して僧侶になると、寺院での生活全てがそうであるという。

また、上座部仏教においては、僧俗を問わず、「ヴィパッサナー瞑想」や「マインドフルネス瞑想」がそうである。

仏陀釈尊ご在世時代の原始仏教においては、僧俗を問わず、仏陀の修行法である「三十七菩提分法」がそうであり、その一つが「四念処(法)」である。

(初念その二)

二つ目の初念は、進学・就職・結婚など人生の岐路(分岐点)とも言うべき非常に重要な場面において、心(意識)の奥底から湧出してくる、自分の行動(実践)すべき本当に正しい道(選択)についての教示である。

言葉を替えると、自分の人生を後悔しなくてすむ(充実できる)、または心から納得できる、自分にとっての正しい道(選択)についての教示である。これは、(智慧その二)である。

多くの人は、進学・就職・結婚など人生の岐路(分岐点)とも言うべき重要な場面において、自分にとっての正しい道（選択）とか天命（この世において実践すべき使命）について考えるものである。

または、自分の人生を後悔しなくてすむ（充実できる）正しい道（選択）について考えるものである。

この時、最初に心（意識）の奥底から湧出してくる思いが二つ目の初念であることが多い。この二つ目の初念の特徴は、周囲の意見（推奨）ではなく、自分自身の正直な心（本心）であり、心の奥底から湧き出てくる〝心の叫び〟である。この（二つ目の）初念が、自分の行動（実践）すべき本当に正しい道（選択）についての教示なのである。

自分（の人生）を後悔しなくてすむ（充実できる）、自分にとっての正しい道（選択）についての教示なのである。

ところが、そういう人生の岐路（分岐点）とも言うべき最も重要な場面においては、身内（親兄弟）や友人などが彼らの希望や意見を言ってくる。

彼らの希望や意見は、彼らの価値観や世間の価値観や損得勘定に基づいたものが少なくない。

たとえ、「あなたの将来（人生）の幸せを願ってのことなのよ」と言われても、そこには身内（親兄弟）自身の価値観や希望（欲望）が優先されている。

その時に、初念の教示について疑い（疑念）を持ったり、周囲の人達からの情報や意見を優先したりして、（二つ目の）初念とは全く違った新たな思いを二念という。

この場合は、「二念を継ぐな」ではなく、「二念を捨てよ」が正しい行為（実践）であり、正しい道（選択）である。

もし、誤って〝二念を継いでしまった〟場合には、気づいた時点で即座に立ち止まり、(初念その二)に沿うように修正する(やり直す)のである。

それが、正しい行為(実践)であり、正しい道(選択)であり、最終的には自分は勿論のこと、周囲の人達にも幸せをもたらしてくれる。


(方法―1) 「四念処(法)」


慧(智慧その二)の五根五力法としては、上座部仏教に伝承している「ヴィパッサナー瞑想」や「マインドフルネス瞑想」も該当するのは当然である。

これらを実習している人は、そのまま習熟し実践していけばよい。

しかしここでは、仏陀の修行法である「三十七菩提分法」の一つである「四念処(法)」を推奨したい。

その具体的な方法は、筆者の著書「四正勤法」の中に、「四念処(法)」を誰でも実践できるように具体的に紹介している。

「四念処(法)」は仏陀の修行法なので、当然のことながら、「ヴィパッサナー瞑想」や「マインドフルネス瞑想」も組み込まれている。


(方法―2) (初念その二)が、自分の行動(実践)すべき本当に正しい道(選択)についての教示であることを確信する。

（初念その二）が、進学・就職・結婚など人生の岐路（分岐点）とも言うべき非常に重要な場面において、心（意識）の奥底から湧出してくる、自分の行動（実践）すべき本当に正しい道（選択）についての教示であることを確信することである。

誰が何と言おうとも、とにかく確信することである。確信しているならば、「二念を捨てよ」を確実に実践することができる。

しかし、自分（の人生）を後悔しなくてすむ（充実できる）ためには、一つだけ条件がある。それは、その道をいったん選択したならば、たとえ途中に波風があろうとも、それを信じ続けて全力を尽くすことである。

自利・利他の心で全力を尽くすことである。

あとがき

「五根五力法」の五つの項目(分野)である「信、精進、念、定、慧」の解説を振り返ってみると、当初は五つとも同じくらいの分量を想定していたけれども、結果的には「定」すなわち瞑想の分量が最も多くなってしまった。

瞑想は、個人的な心理上の要素(内容)を多く含んでいる。

瞑想を実際に体験しないと、さらに深く追及しないと、瞑想の世界の奥深さや広大さには気づかない。

そのため瞑想は、気功などと同じように現代の科学には馴染めない側面を持つ。

特に、自然科学(生物学や物理学など)には馴染めない部類に属する。

例えば、気(のエネルギー)は科学では特定(検知)できていないので、正式には認知されていない。

気功による治療や漢方の鍼灸治療が昔から広く行なわれているのに、しかも顕著な効果があるという事実は世に広く知られているのに、二十一世紀の今でもそうである。

瞑想はというと、科学的な手法により研究者達によって、瞑想中の脳波の変化など身体機能に関する面では、部分的ではあるが解明がなされてきた。

それでも瞑想の領域(世界)は実に広大であり、現代の科学の領域(範囲)には到底収まり切れない。

おそらく、現代の科学から、はみ出る領域の方が多いと思われる。

今回、「定」すなわち瞑想を解説するにあたって、現代の科学の領域(範囲)に何とか収まることが出来ないかと多いに心を砕いた。

どうしても収めることが出来ない部分は、科学が今後発展して解明してくれるのではないかと、淡い(甘い)期待が持てそうな所まで広げて紹介している。

そのため、瞑想の領域(世界)の広大さを、筆者が中途半端に説明しているとか、損ねているように受け取る人が中にはいるかもしれないことを危惧している。決してそうではないことを、ここで改めて明言(明記)したい。

瞑想には、現代の科学の領域(範囲)には全く収まらない特有の領域(世界)がある。

それでは、現代の科学の領域(範囲)に全く収まらない領域(世界)には、どういうものがあるかというと、一つは本書の第五章の中で紹介している〔五次第〜八次第〕の「四無色定」という瞑想の領域(世界)である。

その他にもいくつかあるが、その中でも特に、科学の領域(範囲)には将来にわたって決して受け入れてもらえないであろう領域(世界)について、筆者の瞑想体験を例に挙げて紹介したい。

筆者が瞑想中に見た光景(現代の科学では幻覚として扱われるかもしれないが)の中の一つに、スウェデンボルグが地獄界で見てきた光景(現代の科学では幻覚として扱われている)によく似たものがある。スウェデンボルグは、地獄界だけでなく、様々な不思議な世界を見ており、その数量は実に膨大である。

高名なスウェデンボルグと筆者では比較にもならないとは思うが、筆者も実は瞑想中において不思議な世界をいくつか見ており、その中の一つを紹介したい。

（解説） スウェデンボルグ

エマニュエル・スウェデンボルグ（１６８８〜１７７２年）は、スウェーデンのストックホルムで生まれた十七〜十八世紀に活躍した科学者、数学者、哲学者であり、イタリアのルネサンス期を代表する万能の天才と称されるレオナルド・ダ・ヴィンチ（１４５２〜１５１９年）と並び称されている。

さらに、スウェデンボルグは「歴史上世界最大の霊媒者」とも言われており、「歴史上世界最大の予言者」と言われているフランスのミシェル・ノストラダムス（１５０３〜１５６６年）とも並び称されている。

彼の著書「霊界著述」は、ノストラダムスの予言詩集『諸世紀』に勝るとも劣らない不思議な本として有名である。

筆者が瞑想中に見た光景、それは次のような光景である。

ある街角に数十人の一群がいた。そこに、よそ者一人が現れた。

すると突然、数十人の一群全員が、そのよそ者に打ってかかったのである。ある者は刃物のようなもので彼に切りつけ、ある者は石で殴りつけ、ある者は棒で叩くなど残虐な行為を加えていた。

その出来事の光景はスウェデンボルグの著書「霊界著述」の中のひとコマ（地獄界で見てきた光景）によく似ていたが、しかしその内実はかなり異なっている。

スウェデンボルグが地獄界で見てきた出来事というのは、残虐な行為を加えていた一群は、凶暴な極悪人であり、残虐な行為を楽しんでいたのである。

ところが、筆者が見た光景は必ずしもそうではなかった。

残虐な行為を加えていた一群は、当初、彼らは残虐な行為を楽しんでいたのではなかった。

彼らにとって、そのよそ者は凶暴な極悪人に見えたのである。

そのため、よそ者から危害を加えられると思い、恐怖にかられて防衛手段として、彼に残虐な行為を加えていたのである。

当初、残虐な行為は、彼らの身を守るという「彼らだけに通用する正当な理由」があったのである。

彼らの心は憎悪と報復に満ちてはいたが、いつも凶暴というわけではなく、平穏な時もあった。

しかし、心が憎悪と報復に満ちていたために、ちょっとした事がきっかけとなって残虐な行為に結びつくのである。

彼らは全員で、そのよそ者に対してかなり長い間、残虐な行為を加えていた。

残虐な行為を加えられたよそ者は、苦痛のために泣きわめき、彼らに許しを乞うていた。

しばらくすると、残虐な行為を加えていた一群に変化が現れてきた。

一群のほとんどの者たちは、よそ者に対する残虐な行為を中止したのである。

それは、よそ者から危害を加えられる怖れがなくなったからである。

さらに、その中のごく一部の者たちは、よそ者がかわいそうになり、残虐な行為をしたことを後悔する者まで現れた。

それとは逆に、ごく一部だが、よそ者が苦痛のために泣きわめく様子を見ておもしろがり、残虐な行為を楽しむかのようにエスカレートさせて、さらに凶暴になっていった者たちも現れた。

やがて、よそ者は、そこから消えるように一段上の明るい世界へと昇っていった。

残虐な行為を加えられたことで、それがどんなに相手に苦痛を与えるかを身をもって知ったことと、残虐な行為から逃れようと許しを乞うたために、彼の心から憎悪と報復が少し薄れたためである。

同じように、残虐な行為に気付いて後悔した者たちも、そこから消えるように一段上の明るい世界へと昇っていった。

残虐な行為に気付いて後悔したために、彼らの心から憎悪と報復が少し薄れたためである。

反対に、残虐な行為をエスカレートさせてさらに凶暴になっていった者たちは、そこから消えるように一段下の暗い世界へと落ちていった。

残虐な行為を楽しんでさらに凶暴になったために、彼らの心から憎悪と報復がさらに増えたからである。

数十人の一群がいた場所は同じような心を持った者たちが集まった世界であるが、もし心の中の煩悩(憎悪と報復)が少なくなると、その世界から離れて、〝煩悩が少なくなった心〟に見合った明るい世界へと昇り、逆に煩悩(憎悪と報復)が増えると、〝煩悩が増えた心〟に見合った暗い世界へと落ちていくようであった。

(解　説)

①　〝筆者が瞑想中に見た光景〟という表現は、実は正確ではない。

なぜなら、筆者自身も、数十人の一群全員がよそ者に打ってかかった〝その場〟にいたのである。

しかし、奇妙なことに、その場にいた誰一人として筆者の存在には気付かないのである。

筆者がどんなに叫んでも、筆者の声は聞こえないのか、筆者の存在には気付かないのである。

夢の世界では、こういう事は起こらない。

夢の世界の登場人物は、必ず夢を見ている当人の存在に気付いており、当人の言動に応答(反応)する。

筆者は、彼らには見えない「心(思い)と視覚(目)だけの存在」としてその場にいたのかもしれない。
それに対して、
スウェデンボルグは、凶暴な極悪人達に見える存在として、地獄界に行ってきたと述べている。
そのために、凶暴な極悪人達につかまりそうになったが、何とか彼らから逃げることができたという。

②

先に断っておくが、筆者が瞑想中に見た光景の方が、スウェデンボルグが地獄界で見てきた光景よりも、より正確であるとか詳細であるというのでは決してない。

もし、あの世とか地獄界というものがあるとするならば、スウェデンボルグが地獄界で見てきた光景は、何層かに分かれている地獄界の中でも底辺(最悪)に近い階層での光景であり、筆者が瞑想中に見た光景は、地獄界の中でも底辺(最悪)よりも少しマシな階層での光景のような気がしている。

筆者が瞑想中に見た光景は、「筆者の潜在意識・深層意識にあったものが表層意識に表れたものにすぎない」と反論する有識者がいるかもしれないが、そうであったとしても、筆者が瞑想中に見た光景はそれでもまさに想念の世界の一つであると思われる。

③

筆者は、ここでは「地獄界」という表現をしているが、これまで言われてきた「地獄界」とは全く違う。

想念の世界では、同じような心(想念)と煩悩を持っている人達が集まってくるのである。

そのために、心(意識)に憎悪と報復という煩悩が多くあると、同じような心(意識)を持つ凶暴な人達の集まり(グループ)に自然に加わるのである。

しかも、嫌々加わるのではなく、自分から望んで喜んで加わるのである。

そこでは、全員の心が憎悪と報復に満ちているために、ちょっとした事がきっかけとなって、しょっちゅう残虐な行為が繰り広げられるのである。

この点は、まさしく、これまで言われてきた「地獄界」のような光景である。


考えてみれば分かるように、現実世界でも似たようなところがある。

自分と気が合う人達は、自分と同じような心(意識)を持っていることが多い。

例えば、自分は読書や勉強が全く苦手であり、遊興などで楽しみたいという思いが強いとする。

そういう場合は、自分は遊興などで楽しみたいのに、読書や勉強ばかりしている人達と付き合おうとは決して思わない。

どうしても、自分と同じように遊興などで楽しみたい人達と付き合う方が楽しいに決まっている。

そして、自分と同じように遊興などで楽しみたい人達と、自分から望んで喜んで付き合おうとする。

話が本題から少し横道にそれるが、
現実世界は、肉体という物質的要素を身に着けており、周囲の人達(親兄弟や教師など)との関係が強固であることや、〝原因である行為〟と〝その結果や影響〟との間に時間のずれ(タイムラグ)があるために、実はもっと複雑である。
例えば、周囲の人達(親兄弟や教師など)は彼の将来を考えて、遊興などで楽しみたい人達と付き合うことを止めたり、逆に読書や勉強ばかりしている人達と付き合うことを強く勧める場合がある。その結果、少なくとも受験の間だけは、彼の本当の気持とは異なる選択(周囲の人達が勧める読書や勉強ばかりしている人達と付き合う選択)をすることがある。

このケースは、彼は遊興などで楽しみたいという我欲(煩悩)があるが、周囲の人達は我欲(損得)ではなく、純粋に彼の将来を考えての行動である。

当然のことながら、逆のケースもある。

例えば、周囲の人達の方が我欲(損得)に基づく理由が強く出てしまい、彼の純粋な思い(気持)に基づく行為を邪魔して台無しにする場合がある。

時々、親子の間でもみられる。もちろん、親は子供の将来を思う気持に変わりはないのだが、親自身のそれまでの経験から損得勘定をして(我欲を出してしまい)、子供の純粋な願い(気持)を強引に諦めさせる事例もある。

いずれにしろ、そのような自分の本当の気持とは異なる選択を迫られた時に、どういう決断(選択)をするかで、人間的成長の機会が与えられるのである。

〝自分の本心との葛藤〟や〝関係者との葛藤〟が生じるなどして、人間的成長の機会が与えられる。言うまでもないが、その時その時の自分の決断(選択)によって、自分の人生(運命)が形作られていく。

昔から、「自分の本心に従って決断(選択)をする方がよい。たとえ失敗したとしても、自分が決めたことなので、諦めがつくし、後悔が少ない。」と、よく言われている。これについては否定しない。確かにそうだろうと思う。

しかし、出来ることならば、自分の本心に従って決断(選択)をして、そしてうまくいく方がよい。

そうなるためには、自分の本心に従って決断(選択)をする際に、その前提として、どういう場合でも倫理・道徳には絶対に反しない決断(選択)を心がけることが非常に大切である。たとえ、結果的にうまくいかなかったとしても、その後の人生において、よい教訓にもなるし、何よりも挽回することは十分に可能だからである。

そのためにも、憎しみ、怨み、失敗等を悔やむ心を無くし、愛とやさしさと赦しと慈しみの心と感謝の心を持つように心掛けなければならない。

④ 筆者が瞑想中に見た光景の中で、心の中の煩悩(憎悪と報復)が少なくなると、その世界から離れて、煩悩が少なくなった心に見合った明るい世界へと昇り、逆に煩悩(憎悪と報復)が増えると、煩悩が増えた心に見合った暗い世界へと落ちていくように見えたことから、想念の世界では、煩悩(憎悪や報復など)が少ない世界は明るくて上の方に存在しており、逆に煩悩が多い世界は暗くて下の方に存在しているのかもしれない。

昔からよく言われている「極楽や天国は光に満ちて明るく天上にあり、地獄は光が届かずに暗くて地の底にある。」に何となく符合している。

また、上の方とか下の方という表現をしているが、現実世界の上の方や下の方は、同じ空間での単なる上下の位置の違いでしかないが、筆者が瞑想中に見た光景の中での上の方や下の方は、同じ空間での単なる上下の違いではなく、次元の違いではないかと思っている。

(解　説)から本題に戻りたい。

現実世界でも、悩みや苦しみがあると、気分(気持)が落ち込み、表情も冴えなく暗い印象がある。そして、心が憎しみや怨みや怒りに満ちている人も、同じように表情は冴えなく暗い印象がある。もし、気功がある程度できて、気を映像として感知できるならば、〝心が憎しみや怨みや怒りに満ちている人〟が、たとえどんなに楽しそうに明るく振る舞っていても、その人の気(雰囲気)は非常に暗いことが映像として視覚的に感知できるはずである。

逆に、〝心が慈しみとやさしさに満ちている人〟は、一人だけ離れて黙ってひっそりとしていても、たとえ何らかの事情で気分(気持)が落ち込んでいたとしても、その人の気(雰囲気)は非常に明るいことが映像として視覚的に感知できるはずである。

もっとも、人生経験が豊富な年配者になると、たとえ気功ができなくても、気を映像として感知できなくても、〝心が憎しみや怨みや怒りに満ちている人〟や〝心が慈しみとやさしさに満ちている人〟の場合には、彼らのちょっとした表情や言動から容易に判別出来るのではないかと思う。

現実世界も、想念の世界に似ている。

いや、そうではなく、現実世界も想念の世界も根本的には同じであり、ただそれぞれの世界特有の現象として発現するものと思われる。

次に述べることは、非常に重要なので、どうか心に刻んでほしい。念頭に置いてほしい。

想念の世界では、自分の心(意識)を自発的に浄化したり改善したりすることは出来ない。

想念の世界では、筆者が瞑想中に見た光景にもあるように、そこで起きる出来事に対して即座に反応する自分自身の行動(思い)が、結果として煩悩(我)を少なくしたり、逆に煩悩(我)を増やしたりする。

すなわち、その時の自分の心(想念)の中にある煩悩(我)の多少大小に応じて、そこでの自分自身の行動(思い)の結果、さらに煩悩(我)が少なくなったり、逆に煩悩(我)が増えたりするのである。

もし、あの世があるとするならば、あの世は想念の世界である。

すでに気づいている方がいるかもしれないが、自分の心(意識)の中の煩悩(我)の多少大小に応じて、人は誰でも次の三つのタイプに分かれるのである。

(タイプ1) 死んでからあの世に行くと、煩悩(我)がますます増加していく人
(タイプ2) 逆に煩悩(我)が速やかに減少していく人
(タイプ3) あの世に行っても、煩悩(我)はほとんど変化しない人

ほとんどの人は(タイプ3)であり、あの世に行っても、生きている時の心(意識)と変わらずに、煩悩を出しては悩み苦しんで、自分と同じような煩悩(我)を持つ人達と暮らすことになる。

この世(現実世界)でも、機嫌(気分)が良いと他人に愛想が良く親切にするが、機嫌(気分)が悪いと他人に対して冷たく、場合によっては他人を傷つけたりする。

すなわち、あの世でもこの世(現実世界)でも、良い事も悪い事も同じように行なう。

良い事を多く行なうと、一段階・二段階上の世界(環境)に生まれ変わるが、逆に悪い事を多く行なうと、一段階・二段階下の世界(環境)に生まれ変わることになる。

あの世でも、この世(現実世界)でも、各人が持つ煩悩(我)に応じた様々な世界(環境)を、行ったり来

たりするだけである。

言葉を替えると、各人が持つ煩悩(我)に応じた様々な環境へと、輪廻転生するのである。

ただし、生も死も一段階・二段階上の世界(環境)と一段階・二段階下の世界(環境)に限定(分段)された世界(環境)を、行ったり来たりするだけである。

これを、分段生死(ぶんだんしょうじ)とも言う。


このことは、歴史上の人物の人生を、そういう視点で見れば何となく分かるかと思う。

もっと身近では、自分自身や周囲の人達のこれまでの行動とその後の人生(状況・環境)を観察したりすれば分かるかと思う。

たとえ恵まれた環境にいても、自分の利益や快楽を得るために煩悩(我)を出して、努力を怠ったり、悪事(傷害、詐欺、嘘偽りなど)を働いた結果、恵まれない環境に転落する人がいる一方、それとは反対に、恵まれない環境にいても、努力を続けたり、積善(積徳)に努めた結果、恵まれない環境から脱出して良い環境に移っていく人もいる。

その変化は、長い期間をかけて起きる場合もあるし、病気や事故によって短期間で起きる場合もあるし、自分には直接的な責任がない天変地異(地震、火災、パンデミック、戦争)によって突然に起きる場合もある。

突然に起きる天変地異は、積善(積徳)に努めた人にも積不善の人(悪事を働いた人)にも災害をもたらすが、積善(積徳)に努めた人は被害が少なかったり、被害があっても立ち直るのが早いとも言われている。

ただし、筆者は本当のところは、全てが全てそうだとは思いたくない。

難病を抱えて生まれてきた人や、幼いうちとか若いうちに大病を患ったり、亡くなったりする人や、働き盛りの年齢で事故に遭ったり、大病を患ったり、亡くなったりする人の中には、「どうしてあんな善い人が、こんな目(境遇)に遭うのだろうか」と思う場合も少なくないからだ。

しかし、ある年月が経過して、本人やその家族をみてみると、大変な辛いことや苦しい事があったとは思うが、又、そういう理不尽な出来事に対する心の整理に長い期間を要したとは思うが、実はそうであったために、いろいろな面(経済的とか)で助けられたとか、家族の絆(きずな)が強固になったとか、真の友人に巡り合えたとか、人間的に成長させられたとか、そういうプラスの面も決して少なくないと感じることもある。

(タイプ2)の煩悩(我)が速やかに減少していく人を、清らかな聖なる人、すなわち聖人と言う。そして、煩悩(我)が減少(変化)していくので、生死の繰り返しにおいて、あの世とこの世(現実世界)での生き方(生活)が、煩悩(我)の減少(変化)に応じて変化・変動していく。

すなわち、生も死も一段階・二段階上の世界(環境)と一段階・二段階下の世界(環境)に限定(分段)されることなく、煩悩(我)の減少に応じた上の段階へと上昇(変化・変動)していく。

これを、変易生死(へんにゃくしょうじ、へんやくしょうじ)とも言う。

ただし、(タイプ3)の人の場合であっても、今生(この世)において、多いに努力して煩悩(我)を減少(浄化)していくと、ある時点を境にして、あの世でも煩悩(我)が減少するようになる。すなわち、(タイプ2)の〝煩悩(我)が速やかに減少していく人〟になることができる。

実は仏教では、あの世でも煩悩(我)が減少するようになる「ある時点」のことを、別の表現で明記している。

それが、次に示す修行者の修行の段階に応じた区分である。

それを、四向四果(しこうしか)と言う。

四向四果(しこうしか)とは、原始仏教や部派仏教における修行の階位のことであり、修行開始の段階から順番に並べると、

- 預流向(よるこう)
- 預流果(よるか)
- 一来向(いちらいこう)
- 一来果(いちらいか)
- 不還向(ふげんこう)
- 不還果(ふげんか)
- 阿羅漢向(あらかんこう)
- 阿羅漢果(あらかんか)

となり、四双八輩(しそうはっぱい)とも言う。

ここで、果とは、到達した段階(境地)のことである。

向とは、それに向かって確実に進んでいる段階(修行している段階)のことであり、まだ果には到達していない。

ほとんどの修行者は、熱心な修行者であっても、預流向(よるこう)の段階であると言われている。

（タイプ２）の煩悩（我）が速やかに減少していく人は、預流果（よるか）以上の段階の人であり、清らかな聖なる人、すなわち聖人とか聖者と言う。

預流とは、聖者の流れに預かる（乗る）ことで、須陀洹（しゅだおん）とも言う。

預流果になると、もう段階（境地）が下がることはなく、あとは解脱への階段を上がるだけである。


預流向（よるこう）と預流果（よるか）との間には大きな隔たりがあり、預流向から預流果になるのは非常に難しいと言われている。

多くの教団や宗派は、「教団や宗派が推奨する修行を実践すれば、預流果（須陀洹）に到達する」とか、「それに相当する〝あの世（環境）〟に行くことができる」とか、表現は違うが同じような内容のことを明言しているが、そんな生易しいものではない。

おそらく、多くの人々に修行を推奨するために、方便としてそのように言っているものと思われる。

なぜなら、それらの修行を熱心に行なうことが、そのまま預流向（よるこう）の入り口（スタートライン）であり、預流果（よるか）になるための有効な手段（方法）の一つなのだから。


日本の禅宗を始めとする各宗派や上座部仏教の修行者が、俗世間のもの（金銭、地位、名誉、時には家族や知人との交流など）の多くを制限してまで厳しい修行を行なっていても、預流果になるのは非常に難しいと言われている。

預流果（須陀洹）に到達した修行者は、各宗派の宗祖や〝名僧〟と言われている方々におられるものと思われる。

同じ預流向でも、当然のことではあるが、厳しい修行をしている修行者(出家・在家は問わない)は、そうでない修行者(出家・在家は問わない)よりも預流果に近いのは言うまでもない。

尚、預流向(よるこう)は、(タイプ3)の私達一般人とは異なり、悪い事は行なわずに良い事だけを出来るだけ行なうように心がけている人のことである。

そういう意味でも、出家・在家を問わない。

• 預流果になると、変易生死となり、多くても7回この世とあの世を往来すれば、阿羅漢果に到達するとされている。

• 一来とは、この世とあの世を1回往来すれば、阿羅漢果に到達するとされており、斯陀含(しだごん)とも言う。

• 不還とは、この世を去るとそのまま阿羅漢果に到達するとされており、阿那含(あなごん)とも言う。

• 阿羅漢とは、今生において、すなわち生きている間に、解脱(涅槃)を成就(達成)する聖人のことであり、仏陀のことである。

また、四つの果を合わせて、四沙門果(ししゃもんか)とも言う。

ここで、そういう名称など、どうでもいいと言えば、確かにそうである。

大事なことは、煩悩(我)を確実に減らして、何としてでも預流果(須陀洹)に到達することである。

尚、この四向四果(しこうしか)は、古代の聖者達が単に頭の中で考えたり、相談したりして定めたのではなく、瞑想体験を通して実際にその正当性を見極めた上で定めたのではないかと筆者は思っている。


この世においては、人間の人生は一回切りである。

だからこそ貴重なのであるが、人は誰でも解脱(煩悩を消滅)しない限りは輪廻転生をすると、仏教を始め多くの宗教では説いている。

もしそれが本当で、死んでこの世(物質世界、3次元世界)を去り、あの世(想念の世界)に行くとするならば、繰り返しになるが、出来るだけ憎しみ、怨み、失敗等を悔やむ心(想念)である煩悩を少なくして、愛とやさしさと赦しと慈しみの利他の心(想念)を多く持つようにするべきである。


ここで、特に注意しなければならないことがある。

それは、煩悩を少なくしたり解消したりすることは、自分自身にしか出来ないのである。他人にはできない。

どんなに素晴らしい力(法力)を持つ僧侶や行者であろうとも、絶対にできないのである。

たとえ、阿羅漢果に到達している仏陀であろうとも、直接、他人の煩悩を少なくしたり解消したりすることはできない。

人が煩悩を少なくしたり解消したりできるように、やり方(成仏法)を指導することは出来ても、直接、他人の煩悩を少なくしたり解消したりすることは出来ないのである。

死者に対しては、憎悪や苦痛や心残りのために往生できない(あの世に行けない)のを、憎悪や苦痛や心残りの軽減・解消を手助けして往生させる(成仏させる)ことは、法力ある僧侶や行者でも可能である。(尚、昔から死者に対して成仏という言葉が使われているが、本来の意味の「仏陀になる成仏」とは意味が全く違う。)

その方法が追善供養などの方法であり、回向という方法である。

実は、私達一般人が行なう回向でも、条件が整えば可能である。

追善供養などの方法で、死者の往生(成仏)を手助けすることは出来たとしても、死者の煩悩を直接少なくしたり解消したりすることは出来ないのである。

繰り返しになるが、煩悩を少なくしたり解消したりすることは、自分自身にしか出来ないのである。

そのため、自分自身で、出来るだけ煩悩を少なくしたり解消するように常に努力することである。

そう言うと、次のように反論する人がいるかと思う。

① 「仏教には、死者の安らかな成仏を願って、自分の善行(積徳、積善、寺社への供養など)をあの世の死者の霊に回向する(向けて分け与える)追善供養などの方法があり、それによって、死者の霊は苦しむ境遇から安らかな境遇になることができる。」と。

先ほど説明したように、追善供養によって、往生できない(あの世に行けない)死者の霊を、往生させる(あの世に行かせる)ことは可能である。

また、あの世に往生した人(死者)に対しても、追善供養により、一時的なやすらぎを与えることは出来るが、それでも往生した人の煩悩は何ら変わらないので、そのうち煩悩に応じた元の状態に戻ってしまう。

この世(物質世界、3次元世界)の現実を見渡せば、すぐに分かることである。

自分の持つ煩悩(怠けて働かないなど)のために、借金で苦しんでいる人に対して、金銭を与えても(供養しても)、一時的には借金の苦しみから解放されるだろうが、煩悩(怠けて働かないなど)がなくならない限り、すぐに煩悩に応じた元の状態に戻ってしまう。

この原理と言うか法則は、あの世でもこの世でも全く変わらない。

②

「成仏していない死者の霊によって、生きている人間が影響を受ける場合がある。

その影響とは、例えば、病気で苦しんで亡くなった死者と同じ病気になったり、精神状態が不安定になり、生前の死者と同じような凄惨な(目をそむけたくなるような)言行を繰り返すなどである。これを、霊障(れいしょう)と言ったりする。

しかし、仏教の法要(成仏法)によって、成仏していない死者の霊は成仏し、霊障で苦しんでいる人間も元の健康を取り戻すことができる。」と。


確かに法要(成仏法)によって、成仏していない死者の霊は成仏する。

しかし、ここで言う成仏は、初期仏教が言う本来の成仏ではない。

繰り返しになるが、
本来の成仏は、煩悩(我)を解消して、輪廻転生しない境地すなわち阿羅漢(仏陀)になることを言う。

それに対して、ここで言う成仏は、病気などで非常に苦しんで亡くなったり、強烈な怨みや憎しみなどを持って亡くなった場合は、その苦しみや怨みや憎しみのために、あの世に行くことが出来ずに、この世に霊的な(想念だけの存在)状態で留まる場合がある。

これを、不成仏霊(ふじょうぶつれい)と言ったりする。

例えば、〝死んでも死にきれない〟ほどの怨みや憎しみを持って死ぬと、文字通り不成仏霊となって、この世に留まるのである。

それを、仏教の法要(慰霊祭)によって、あの世に送ることが出来る。

それを、昔からの慣習として、〝成仏させる〟と言っているに過ぎない。

そういう霊が成仏すると、影響を受けている(霊障で苦しんでいる)人も元の健康を取り戻す。

当然のことながら、成仏した(あの世に行くことができた)死者の霊は、死者が生前持っていた煩悩(我)に応じて、それに相応しい霊的世界(あの世)に行くことになる。

話を元に戻したい。

繰り返しになるが、

あの世(想念の世界)があるとするならば、あの世は想念の世界なので、自分の心(想念)を自発的に浄化したり改善することは理屈上はできない。

あの世(想念の世界)では、自発的に煩悩を少なくしたり、利他の心(想念)を多く持つように努力することはできない。

そのために、今この瞬間の自分の思い(心)と煩悩を持ったまま、それに応じた新たな人間としてこの世に生まれ変わり、心(想念)と煩悩に応じた環境の中で、再びこの世で生きることになる。

すなわち、今この瞬間の心(想念)と煩悩に応じて輪廻転生し、新たな身体や性格や能力を持って新たな家族とか友人などの環境の中で、新たな人生を送ることになる。

誰もが一度は、「善い行ないをすれば(死んで)天国に行けるが、悪いことをすれば地獄に落ちる」と耳にしたことがあるかと思う。

そうではなく、自分の心(想念)と煩悩にふさわしい場所、自分がしたくないと思う必要がない場所、すなわち自分(の心と煩悩)にとっての望ましい場所、自分が行きたい場所に行くのである。

そこで新たな人生を送ることで、自分を見つめ直し、自分を高める機会を得るのである。

自分の心(想念)と煩悩を見つめ直し、心(想念)と煩悩を浄化する機会を得るのである。

言葉を換えると、自分を高めるために浄めるために、新たな人生を自分で選択しているのである。


そうであるからこそ、この世(人生)において、自分の心(想念)と煩悩を見つめ直し、心(想念)と煩悩を浄化しなければならない。

そして、日常生活において自利と共に利他を心がけ、さらにそれを実践しなければならない。

そのための具体的な方法が、仏陀の修行法なのである。

そのための指針となるものが「五根・五力」であり、本書「**五根・五力法** 幸福への原理と方法」である。

令和四年　(2022年)

◆参考文献

・『ブッダのことば（スッタニパータ』　中村　元　訳　（岩波文庫）
・『発句経』　友松圓諦　訳　（講談社学術文庫）
・『セルフ・コントロールの医学』　池見酉次郎　著　（ＮＨＫブックス）
・『ヨーガ根本教典』　佐保田鶴治　著　（平河出版社）
・『続　ヨーガ根本教典』　佐保田鶴治　著　（平河出版社）
・『ブッダの瞑想法　ヴィパッサナー瞑想の理論と実践』　地橋秀雄　著　（春秋社）
・『改訂版　仏陀の修行法四神足より　四神足瞑想法』　湯田浩二　著　（一粒書房）
・『仏陀の修行法四正勤より　運命を変える四正勤法』　湯田浩二　著　（一粒書房）
・『あなたを変える夢見術入門』　高藤聡一郎、山梨賢一　共著　（学研）
・『天と地をつなぐ者』　五井昌久　著　（白光出版）
・『私は霊界を見てきた』　エマニュエル・スウェデンボルグ　著　今村光一　訳・編　（叢文社）
・インターネット検索　Wikipedia

■著者紹介

湯 田 浩 二

1953年、鹿児島市に生まれる。
県立甲南高校、九州大学工学部、同大学院卒。
川崎製鉄（JFEスチール）を経て、
現在、自動車関連企業に在職。

五根・五力法

幸福への原理と方法

発行日　2022年8月26日

著　者　湯 田 浩 二

発行所　一 粒 書 房

〒475-0837 愛知県半田市有楽町7-148-1
TEL(0569)21-2130
https://www.syobou.com

編集・印刷・製本　有限会社一粒社

ISBN978-4-86743-112-2 C0015